Não importa para onde, importa com quem

Habilidades de Liderança

Não importa para onde, importa com quem

Habilidades de Liderança

EDITORA LEADER

Copyright© 2025 by Editora Leader
Todos os direitos da primeira edição são reservados à Editora Leader.

CEO e Editora-chefe:	Andréia Roma
Revisão:	Editora Leader
Capa:	Editora Leader
Projeto gráfico e editoração:	Editora Leader
Coordenação editorial:	Lais Assis
Livrarias e distribuidores:	Liliana Araújo
Artes e mídias:	Equipe Leader
Diretor financeiro:	Alessandro Roma

Dados Internacionais de Catalogação na Publicação (CIP)

C389 Não importa para onde, importa com quem: habilidades de liderança/coordenadores Ana Paula Avanci, Yumiko Watanabe, Andréia Roma. – 1.ed. – São Paulo: Editora Leader, 2025.
256 p.; 15,5 x 23 cm. – (Coleção legado Corporativo)

Vários autores.
ISBN: 978-85-5474-248-5

1. Carreira profissional – Desenvolvimento. 2. Conhecimento corporativo. 3. Crescimento pessoal. 4. Histórias de vidas. 5. Liderança. 6. Liderança – Habilidades. I. Avanci, Ana Paula. II. Watanabe, Yumiko. III. Roma, Andréia.

11-2024/60   CDD 658.1

Índices para catálogo sistemático:
1. Carreira profissional : Liderança : Administração   658.1

Bibliotecária responsável: Aline Graziele Benitez CRB-1/3129

2025
Editora Leader Ltda.
Rua João Aires, 149
Jardim Bandeirantes – São Paulo – SP
Contatos:
Tel.: (11) 95967-9456
contato@editoraleader.com.br | www.editoraleader.com.br

Introdução

Em um mundo em constante transformação, onde a incerteza parece ser a única certeza, a missão deste livro se torna ainda mais crucial. *Não importa para onde, importa com quem* reúne um mosaico de líderes notáveis, cada um trazendo suas experiências únicas, suas histórias inspiradoras, e os ensinamentos colhidos ao longo de suas jornadas.

Nesta obra, buscamos explorar não apenas o aspecto pragmático da liderança, mas, principalmente, a sua dimensão humana. O futuro, por mais incerto que pareça, nos ensina que como líderes nossa principal busca deve ser a humanização de nossas práticas. Inspirar através de atitudes que valorizem o entendimento e o respeito mútuo nunca foi tão importante.

Cada líder aqui presente compartilha suas vivências, oferecendo-nos uma bússola para navegar no dia a dia de um ambiente profissional que se reinventa continuamente. Adaptar-se é necessário, pois o mundo mudou — e entender o que realmente importa e com quem queremos compartilhar nossa jornada é uma reflexão indispensável.

Gostaria de expressar minha profunda gratidão às coordenadoras Ana Paula Avanci e Yumiko Watanabe, cuja dedicação incansável e colaboração foram essenciais para a concretização deste projeto. A paixão e comprometimento não apenas enriqueceram este livro, mas também reforçaram o espírito de liderança que buscamos destacar.

Parabéns a todos(as) os(as) profissionais convidados(as) para compor a obra com suas *expertise*.

Esperamos que este livro sirva como uma fonte de inspiração e um guia para líderes atuais e futuros, incentivando cada um a deixar um impacto positivo tanto nas organizações quanto nas vidas que tocam.

Que mais lideranças venham inspirar-se através desta obra, descobrindo que a verdadeira liderança é aquela que compreende, acolhe e transforma. Sejam bem-vindos a uma jornada de descoberta, aprendizado e crescimento pessoal e profissional.

Andréia Roma
CEO da Editora Leader

Um livro muda tudo!

Prefácio

Eu me sinto honrada pelo convite para escrever o prefácio dessa obra. Agradeço às organizadoras Yumiko Watanabe e Ana Avanci, conselheiras no HubMulher e profissionais que admiro pela competência e pelos valores que compartilham. Também agradeço à Editora Leader e celebro a liderança de Andréia Roma, que contribui, com sua competência e empreendedorismo, para o campo editorial brasileiro.

Não importa para onde, importa com quem aborda a relevância de uma jornada compartilhada, movida por propósitos e valores comuns. Em um mundo disruptivo, ambíguo e veloz, temos que nos guiar muito mais pela ética, do que pela estética dos relacionamentos.

Ao compreender isso, trouxe essa reflexão para o contexto da filosofia, pois ela é a ciência que estuda a sabedoria e escolher e engajar parceiros em uma jornada nos desafia a sermos sábios e sábias!

A tarefa não é fácil, ainda mais pela valorização de relações instantâneas, conduzidas por interesses unilaterais e valores frágeis. Por isso, temos que usar a sabedoria para ter ao nosso lado pessoas que agreguem, sustentem valores inegociáveis, dividam saberes e contribuam para que nossas decisões sejam alicerçadas pela empatia, pela colaboração, pelo foco nos objetivos e pela compaixão.

Relaciono esta obra com a teoria do filósofo francês Michel Foucault em torno do exercício do poder. Para ele, o poder está nas relações humanas e em tudo que o ser humano faz. Resumidamente, o poder é uma via de mão dupla, todos possuem poder e podem exercê-lo a partir dos seus microespaços de atuação.

O livro nos mostra como os autores e autoras usaram seus "microespaços de poder" para construir relações positivas, gratificantes, sólidas e duradouras. A leitura nos mostra que há múltiplos caminhos para isso, mas há uma sutura comum: a sabedoria na escolha de pessoas que façam sentido para estar ao nosso lado!

O grande espírito do livro é a discussão em torno das relações humanas, com narrativas que mobilizam e inspiram os leitores e as leitoras na busca de verdadeiros parceiros e parceiras ao longo da jornada. O "quem" é o cerne de tudo isso!

Ana Paula Bastos Arbache

Pós-doutora em Educação, sócia-fundadora e Chief Innovation Officer da **Arbache** Innovations, fundadora do HubMulher, Hub ESG Alagev e membro dos comitês de educação e mulheres na governança da Rede de Governança Brasil. Docente da FGV/IDE (Fundação Getulio Vargas/Instituto de Desenvolvimento Educacional) e Facilitadora Global Alumni – MITPE on-line.

Sumário

Liderança colaborativa: a união de uma equipe
transforma ideias em inovação 12
    Ana Paula Avanci

Em que mundo você vive? 24
    Yumiko Watanabe

Os aprendizados de uma carreira promissora 34
    Arlete Soares

Da favela ao mundo 44
    Bruno Omeltech

Conexões que transformam: A importância das
relações pessoais e profissionais 56
    Caio Infante

Transformando desafios em conexões poderosas 68
    Carolina Mayhé Nunes Saffer

A potência da conexão humana na vida e na liderança 80
    Catia Senssulini Alonso

Do inesperado ao inspirador: liderança e
autoconhecimento em tempos de adversidade 90
    Charline Carolino

Com quem importa: parcerias que moldam pessoas,
pessoas que moldam o mundo 102
    Elinée N. Ferreira

Um grande líder muda tudo 114
    Fernanda Campos

Raízes profundas a altas conquistas: a história de
uma líder em RH 128
    Gabriela Palumbo

Liderança que me inspira: é sobre estimular,
cultivar, colaborar e impulsionar 138
    Luciana Depieri

Habilidades de liderança 154
    Luiza dos Santos Rubio

Não importa para onde, importa com quem, mesmo
que eles só venham a saber muito tempo depois..................... 168
    Marcelo Nóbrega

Descomplicando o luto nas organizações 180
    Mariana Clark

Colhendo resultados por meio de parcerias 190
    Marina Pimenta Gazeti

A vida te prepara para o extraordinário.................................... 202
    Mônica Doria Guidoni

Conexões verdadeiras, resiliência e a
jornada com a gestão RH 214
   Renato Fiochi

A essência de liderar com autenticidade 220
   Roseli A. Ubaldo

A alquimia acontece quando estamos com as
pessoas certas! 232
   Ruriko Isilma Ohara

O caminho do antissucesso 246
   Wilson Cabral

Liderança colaborativa:
a união de uma
equipe transforma
ideias em inovação

Ana Paula Avanci

Executiva na área de Compliance, Auditoria Interna, Riscos e Privacidade. Com vasta experiência em implantação de processos, políticas e cultura de gestão estratégica, lidera iniciativas para consolidar práticas e minimizar riscos ao negócio. Destaca-se pela implementação de processos automatizados, resultando em ganhos de eficiência e confiabilidade. Além disso, é reconhecida por sua habilidade em gerenciar projetos complexos e por seu compromisso com a excelência operacional.

LINKEDIN

As habilidades de liderança são essenciais para guiar, inspirar e motivar uma equipe a alcançar objetivos comuns de maneira eficiente e harmoniosa. Com base na minha experiência, percebi que, no dia a dia de um líder, vários fatores essenciais precisam ser aprofundados para criar um ambiente de confiança mútua, gerando resultados positivos para a organização e os envolvidos.

A comunicação, por exemplo, é o pilar de qualquer relação bem-sucedida: um bom líder deve ser capaz de transmitir suas ideias claramente e ouvir ativamente os membros da equipe. Ter uma visão estratégica e clara do futuro e ser capaz de planejar a longo prazo também é crucial para o sucesso organizacional.

Outro ponto relevante é a empatia, que contribui para um ambiente de trabalho positivo e colaborativo. A habilidade de tomar decisões informadas e rápidas, especialmente sob pressão, pode fazer toda a diferença. Identificar problemas rapidamente e encontrar soluções eficazes é fundamental para manter a equipe focada e motivada.

Reconhecer e valorizar as contribuições individuais ajuda a inspirar a equipe a dar o seu melhor. Além disso, em um mundo em constantes mudanças, a flexibilidade e a capacidade de se adaptar são qualidades indispensáveis. Demonstrar honestidade e ética em todas as ações é essencial para conquistar a confiança e o respeito do time.

Saber delegar tarefas com base nas competências de cada membro garante produtividade, enquanto incentivar a criatividade e a inovação abre caminhos para novas maneiras de alcançar os objetivos.

Compartilho, agora, um caso de sucesso, em que analiso como a aplicação dessas habilidades transformou equipes e resultados, destacando exemplos práticos e lições valiosas.

Transformando desafios em oportunidades

Minha trajetória de carreira iniciou-se há 20 anos, e sempre busquei aprendizado principalmente nas relações humanas, o que fortaleceu minhas habilidades em liderar e enfrentar desafios.

Entre várias experiências, destaco uma que tive com uma equipe diversa e que me marcou profundamente. O desafio era implementar uma nova ferramenta para gestão de qualidade e riscos com o objetivo de integrar tecnologia ao conhecimento técnico da equipe. Tudo isso dentro de um prazo curto para atender às necessidades urgentes da empresa, que até então realizava esse trabalho de forma manual. Essa experiência não apenas testou as habilidades de todos os envolvidos, mas também nos ensinou a importância da colaboração e da inovação na prática.

Ao ser apresentada como a líder daquele desafio para a equipe técnica, fui bem recebida por algumas pessoas e por outras não muito. Alguns estavam abertos à mudança, enquanto outros demonstraram resistência. Aliás, essa reação é comum, especialmente em projetos que envolvem a implementação de novas tecnologias e automação de processos. Mesmo assim, segui adiante.

Para entender melhor a dinâmica da equipe, decidi conhecer todos os integrantes e conversei individualmente com cada um deles. Descobri que alguns eram recém-chegados, enquanto outros tinham longa experiência e dominavam os detalhes técnicos dos processos. Além disso, a equipe era composta por uma mescla de gerações e culturas, o que enriquecia a diversidade, mas também trazia desafios únicos na comunicação e colaboração.

Com membros de diferentes origens e culturas, as formas de comunicação e de interpretação das informações variavam bastante. Para superar isso, estabelecemos canais de comunicação claros e eficazes, e também promovemos um ambiente em que todos se sentissem à vontade para expressar suas opiniões e preocupações.

Outro desafio foi a gestão de conflitos. A diversidade de perspectivas e experiências, embora enriquecedora, podia levar a divergências de opinião. Foi essencial mediar esses conflitos de maneira justa e construtiva, garantindo que todas as vozes fossem ouvidas e que as decisões fossem tomadas de forma colaborativa.

A integração da equipe também mereceu atenção especial. Com profissionais de diferentes áreas e habilidades, foi necessário criar um senso de unidade e propósito comum. Isso incluiu a realização de atividades de *team building* (construção de times) e a promoção de uma cultura de inclusão e respeito mútuo.

A adaptação às diferentes necessidades e estilos de trabalho dos membros da equipe foi um desafio contínuo. Reconhecer e valorizar as diferenças individuais, ao mesmo tempo que mantínhamos todos alinhados aos objetivos comuns do projeto, foi primordial para o nosso sucesso.

Estratégias para inclusão e colaboração

Esses desafios, embora complexos, foram superados com uma liderança empática e estratégica, resultando em uma equipe coesa e altamente eficaz. Incentivar a inclusão e o respeito mútuo na equipe foi uma prioridade constante. Para alcançar isso, adotei várias estratégias que ajudaram a criar um ambiente de trabalho harmonioso e colaborativo.

Primeiramente, incentivei a comunicação aberta e transparente. Realizávamos reuniões diárias no início do projeto e, posteriormente, em dias espaçados, onde todos os membros da equipe tinham a oportunidade de compartilhar suas ideias, preocupações e sugestões. Essa prática garantiu que todos se sentissem ouvidos e valorizados.

Também organizamos um evento de um dia inteiro em que a equipe foi dividida em pequenos grupos diversificados. Cada grupo recebeu um desafio relacionado a um problema real que a empresa enfrentava.

O objetivo era que, ao final do dia, cada grupo apresentasse uma solução inovadora. Durante o *workshop*, os grupos passaram por várias etapas do processo de *Design Thinking*, incluindo a empatia com os usuários, definição do problema, ideação de soluções, a prototipagem e teste das ideias. Essa abordagem colaborativa permitiu que todos os membros da equipe contribuíssem com suas perspectivas únicas e habilidades.

Os resultados foram impressionantes. Conseguimos gerar

várias ideias inovadoras que foram posteriormente implementadas, além de fortalecer os laços entre os membros da equipe. A atividade promoveu a colaboração, criatividade e respeito mútuo, além de proporcionar um ambiente divertido e engajador. Essa experiência comprovou o valor das atividades de *team building* para criar um time mais unido e produtivo, capaz de enfrentar desafios de maneira colaborativa e inovadora.

Após o *workshop* de *Design Thinking*, várias ideias inovadoras foram implementadas, resultando em melhorias significativas para a empresa. Um dos principais resultados foi a redução do tempo de resposta em processos operacionais, que passou de 35 para sete dias, aumentando a eficiência e a confiabilidade das operações.

A implementação de um sistema de gestão de riscos — uma das ideias geradas durante o *workshop* — também ajudou a reduzir incidentes relacionados às tipologias de incidentes que estavam atreladas ao conhecimento de cada profissional envolvido, alcançando uma redução de 60% após a implantação, etapa a etapa, no *workflow* da tecnologia. Isso foi possível graças à automação, comunicação interna, treinamento e ações de conscientização. Outro resultado relevante foi a redução de 50% no valor do contrato com a consultoria internacional contratada para a auditoria de processos operacionais.

Superando desafios na implementação

Uma das principais dificuldades foi a familiaridade com as novas tecnologias. Muitos membros da equipe não estavam acostumados com as ferramentas e metodologias de *Design Thinking*, o que inicialmente causou resistência e problemas de adaptação.

Para superar esse problema, organizamos sessões de treinamento e oferecemos suporte contínuo durante todo o *workshop*.

Outro obstáculo foi a integração de diferentes perspectivas. Com uma equipe diversa, havia uma ampla gama de opiniões e abordagens para resolver os problemas apresentados. Embora isso tenha aprimorado o processo, também exigiu um esforço adicional para mediar discussões e garantir que todas as vozes fossem ouvidas e consideradas de maneira equilibrada.

A gestão do tempo também foi desafiadora. O processo de *Design Thinking* é intenso e requer tempo para explorar ideias, prototipar e testar soluções. Tivemos que gerenciar cuidadosamente o cronograma para garantir que todas as etapas fossem concluídas dentro do prazo, sem comprometer a qualidade do trabalho. Transformar ideias em soluções práticas foi um desafio contínuo; muitas ideias inovadoras surgiram durante o *workshop*, mas convertê-las em soluções viáveis e implementáveis exigiu um esforço extra de planejamento e execução.

Esses desafios, embora complexos, foram superados com uma liderança eficaz, comunicação clara e um forte espírito de colaboração entre os membros da equipe.

Feedbacks e lições aprendidas

Os principais *feedbacks* qualitativos recebidos dos membros da equipe após a sessão de *Design Thinking* foram bastante positivos e destacaram aspectos importantes. Muitos elogiaram a colaboração e a integração que o evento proporcionou. A oportunidade de trabalhar em grupos diversificados permitiu que conhecessem melhor os colegas de diferentes áreas e trouxessem novas perspectivas para a resolução de problemas, contribuindo para um ambiente de trabalho mais integrado e cooperativo.

Outro ponto alto foi a criatividade e a inovação que o *workshop* incentivou. Os participantes apreciaram a liberdade de explorar ideias novas e criativas sem medo de julgamento, resultando em soluções inovadoras, muitas das quais implementadas com sucesso na empresa.

A aprendizagem e o desenvolvimento também foram mencionados como aspectos positivos; muitos sentiram que o *workshop* foi uma excelente oportunidade para aprender novas metodologias e ferramentas que poderiam ser aplicadas em seus trabalhos diários. Adicionalmente, a liderança e o suporte durante o treinamento foram altamente valorizados. Os participantes elogiaram a forma como a liderança facilitou o processo, oferecendo orientação e apoio contínuos, o que ajudou a manter todos engajados e motivados.

Esses *feedbacks* demonstram o impacto positivo da minha liderança na equipe, promovendo um ambiente de trabalho mais integrado, inovador e motivador. Várias lições valiosas emergiram desse processo, contribuindo para o desenvolvimento das pessoas e a melhoria dos processos.

Essas lições aprendidas ajudaram a equipe a se tornar mais unida, inovadora e eficiente, contribuindo para o sucesso dos projetos futuros.

Lidar com a resistência inicial às novas tecnologias foi uma tarefa complexa, mas conseguimos superá-la com estratégias eficazes. Primeiramente, organizamos sessões de treinamento para familiarizar a equipe com as novas ferramentas e metodologias. Essas sessões foram essenciais para reduzir a ansiedade e aumentar a confiança dos membros da equipe em relação às novas tecnologias.

Também oferecemos suporte contínuo durante todo o processo de implementação. Estabelecemos canais de comunicação abertos onde os membros da equipe podiam fazer perguntas e receber ajuda imediata. Isso garantiu que ninguém se sentisse perdido ou desamparado durante a transição.

Para reforçar o valor das novas tecnologias, promovemos exemplos práticos e demonstrações de como elas poderiam melhorar a eficiência e a qualidade do trabalho. Mostrar os benefícios tangíveis ajudou a convencer os membros da equipe sobre o quanto as novas ferramentas poderiam ser aliadas e não inimigas do trabalho deles.

Por fim, incentivamos uma cultura de aprendizado e adaptação, enfatizando que a adaptação às novas tecnologias representava uma oportunidade de crescimento profissional e desenvolvimento de novas habilidades. Essa abordagem ajudou a transmutar a resistência inicial em uma atitude mais positiva e receptiva, favorecendo uma mudança de mentalidade. Essas estratégias combinadas foram fundamentais para superar a resistência inicial e garantir uma transição suave para as novas tecnologias.

Reflexões e recomendações

A experiência de liderar uma equipe diversa durante o *workshop* de *Design Thinking* foi extremamente enriquecedora, trazendo lições valiosas para a gestão de projetos e equipes. A colaboração interdisciplinar, a adaptação às novas tecnologias e a gestão eficaz do tempo foram fundamentais para o sucesso das soluções implementadas. Transformar ideias em soluções práticas demonstrou o poder da inovação e da criatividade quando todos os membros da equipe trabalham juntos em direção a um objetivo comum.

Para futuros projetos e a operacionalização na gestão recomendo fortemente o seguinte:

- **Promova a comunicação aberta:** estabeleça canais de comunicação claros e incentive todos os membros da equipe a compartilharem suas ideias e preocupações. A comunicação aberta é essencial para garantir que todos se sintam ouvidos e valorizados.

- **Invista em treinamento e desenvolvimento:** ofereça sessões de treinamento e suporte contínuo para ajudar a equipe a se familiarizar com novas tecnologias e metodologias. O aprendizado contínuo é fundamental para a adaptação e o crescimento profissional.

- **Valorize a diversidade:** reconheça e celebre as diferentes perspectivas e habilidades dos membros do time. A diversidade enriquece o ambiente de trabalho e impulsiona a inovação.

- **Gerencie o tempo com eficácia:** planeje cuidadosamente o cronograma do projeto para garantir que todas as etapas sejam concluídas dentro do prazo, sem comprometer a qualidade do trabalho.

- **Colete *feedback* regularmente:** utilize métricas quantitativas e qualitativas para avaliar a eficácia das soluções implementadas. Reuniões de acompanhamento e opiniões dos integrantes da equipe são essenciais para ajustes contínuos e melhorias.

Cada situação é única e requer cautela e análise detalhada do projeto ou área. Contudo, seguindo esses conselhos é possível criar um ambiente de trabalho colaborativo, inovador e eficiente, capaz de enfrentar desafios de maneira eficaz e alcançar resultados significativos.

Agradeço a você por ter chegado até aqui no meu capítulo e espero ter contribuído com reflexões úteis. Estou à disposição para trocarmos ideias sobre os desafios da liderança, principalmente o de gerar confiança nas pessoas com quem trabalhamos.

Que cada novo projeto nos inspire a aprender, crescer e fortalecer as conexões que tornam nosso trabalho significativo.

Em que mundo você vive?

Yumiko Watanabe

É diretora de Recursos Humanos com mais de 25 anos de experiência, especializada em fortalecer indivíduos e negócios em empresas nacionais e multinacionais. Suas competências abrangem *coaching* executivo, transformação digital, desenvolvimento de planos de sucessão, criação de planejamento estratégico, além de impulsionar iniciativas de ESG. Possui mais de 35 *cases* de fusões e aquisições, fundação de empresas, estruturação de *startups* e *spin-offs*. Ela também é sócia de uma cervejaria e cofundadora do HubMulher, uma iniciativa voltada ao empoderamento feminino e à transformação cultural.

LINKEDIN

Começo a escrever este ensaio em um momento em que há 110 conflitos armados acontecendo no mundo[1]. Não é só um número bem maior do que o noticiário de Rússia-Ucrânia e Israel-Hamas nos leva a acreditar; é o maior desde a Segunda Guerra Mundial. O mundo não é um lugar pacífico.

Neste momento, a eleição presidencial em um único país atrai a atenção do mundo todo pelo impacto do resultado sobre a economia mundial. Um petisco desse risco ocorreu no início de agosto de 2024, quando a possibilidade de uma recessão americana levou pânico aos mercados e derrubou as bolsas de valores ao redor do globo – do Japão ao Brasil[2]. O mundo não é um lugar estável.

O investimento em Inteligência Artificial consolida-se como prioridade para líderes em todo o mundo, segundo as mais diferentes pesquisas. É a área que mais atrai investidores e mais gera desafios – tanto em relação a riscos de segurança quanto à criação

---

[1] TODAY's Armed Conflicts. Disponível em: https://geneva-academy.ch/galleries/today-s-armed-conflicts. Acesso em: 21 jan. 2025.
[2] CARRANÇA, Thais. Risco de recessão nos EUA: como pânico nos mercados globais afeta o Brasil?. **BBC**, 6 ago. 2024. Disponível em: https://www.bbc.com/portuguese/articles/cdrllxnzxzxo. Acesso em: 21 jan. 2025.

de novos empregos em substituição aos já existentes. Isso quer dizer que o impacto da IA no mercado de trabalho também está incentivando a requalificação dos profissionais. As habilidades e o conhecimento exigidos hoje devem mudar amanhã – e mudar novamente depois de amanhã. A única garantia é a mudança. O mundo não é mais como antes – e o mesmo vale para a forma como as carreiras evoluirão daqui para frente.

A mudança sempre foi o catalizador da minha carreira. Em 25 anos naveguei por mares muito diferentes – tecnologia, energia, mineração, turismo, logística, bebidas e saúde. Uma conhecida chegou a questionar essa trajetória, na intenção de descobrir quem estava por trás do meu constante estado de mutação. Para algumas pessoas, pode ser desafiador compreender que nem todos vivem em uma zona de conforto, aguardando uma promoção na empresa ou uma oportunidade especial que o destino possa trazer.

Desenvolvi um modelo mental de autoliderança que repele cativeiros e entende o conhecimento e os vínculos como parte da formação de um repertório estratégico para avançar e me adaptar à realidade dos mais diferentes mercados e cenários. O mundo é cruel, mas são nos desafios que encontro o ambiente propício para crescer e evoluir. Mar calmo não faz bom marinheiro, lembra?

As adversidades também podem se transformar em oportunidades de crescimento para você. Para tal, compartilho alguns aprendizados:

1. As pessoas vão duvidar da sua capacidade. Cabe a você escolher como seguir.

Eu ingressei no mercado de trabalho muito jovem em uma empresa multinacional, consciente de que aquela posição inicial era temporária. Minha determinação, meu modelo mental e a forma como fui criada – fundamentada na busca por autonomia, independência financeira, aperfeiçoamento contínuo e desenvolvimento de uma carreira sólida – me fariam alcançar mais.

Iniciei minha carreira como estagiária em uma empresa reconhecida pela excelência em administração, devido aos seus valores, regras e governança corporativa consolidados. Fui efetivada e assumi diversas funções, muitas vezes além das minhas responsabilidades, o que me desafiava diariamente, algo que adorava. Sempre estive disponível para a empresa, buscando constantemente contribuir mais, o que me proporcionava grande satisfação profissional. Gostava especialmente de aprender na prática, o que ampliava o meu repertório além do esperado.

Após duas décadas, meu conhecimento me levou a assumir responsabilidades robustas e desafiadoras. No entanto, percebi que poderia explorar novas oportunidades fora da empresa, o que foi fundamental para minha formação profissional. Era o momento de buscar novos desafios e explorar o mundo, deixando para trás alguns *stakeholders* que já não contribuíam para o meu crescimento. Uma pesquisa do LinkedIn diz que três a cada cinco brasileiros está infeliz no emprego, sendo a falta de perspectiva um dos principais motivos[3]. Eu não sei você, mas eu nunca tive talento para *Quiet Quitting*.

2. Saia da caixa e pense diferente.

Apostei em mim mesma e busquei uma empresa que me desafiasse a sair da minha zona de conforto. Fui contratada por outra multinacional pelo diferencial do meu currículo, que inclui experiência em tripartites, fusões e aquisições. Passei por três promoções em curto tempo, liderando a empresa no Brasil, depois na América Latina e, em seguida, assumindo uma posição estratégica global.

Com essa movimentação, ganhei visibilidade no mercado e

---

[3] FIGUEREDO, Giovanna. 3 a cada 5 brasileiros estão infelizes no emprego atual: profissão com salário médio de R$ 30 mil pode ser a 'chave' para transição de carreira. **Money Times**, 25 fev. 2024. Disponível em: https://www.moneytimes.com.br/conteudo-de-marca/3-a-cada-5-brasileiros-estao-infelizes-no-emprego-atual--profissao-com-salario-medio-de-r-30-mil-pode-ser-a-chave-para-transicao-de--carreira-lbrdgf285/. Acesso em: 21 jan. 2025.

desenvolvi a habilidade de ser diplomática, que exige inteligência emocional e visão para construir relacionamentos positivos e navegar pelos mais diversos grupos, incluindo aqueles profissionais que, infelizmente, não contribuem de maneira significativa. Aqui retorno ao início do meu texto, sobre o mundo cruel. Aceitar essa realidade e saber transitar por diferentes ambientes e lidar com pessoas de diferentes perfis é fundamental. Com resiliência, é possível se movimentar e crescer com leveza e propósito.

Considero aquele emprego a minha escola de liderança, pois foi capaz de revelar um potencial que eu mesma desconhecia. Se eu dizia que não conhecia nada de América Latina ou de Oriente Médio, minha chefe respondia: "tudo bem, você vai aprender e estamos juntas". Quando eu questionava o que aconteceria se eu errasse, ela me estimulava a não paralisar, a aprender com o erro e a seguir em frente. Não foi isso que aconteceu com Thomas Edison? Testou 10.000 formas de criar a lâmpada antes de descobrir aquela que considerou a ideal?

O cérebro humano gosta de estabilidade e pensar diferente nos obriga a romper fronteiras, lidar com incertezas e a ter confiança em nós mesmos para criar soluções. É tão desconfortável essa posição que pesquisadores da Harvard Medical School consideram que até 80% dos adultos acham esse exercício exaustivo[4]. Só que eles também alertam: a prática reduz esse cansaço. É por isso que existem pessoas como Thomas Edison. Se você ainda se pergunta como dar saltos na sua carreira, acredite no seu potencial, saia da caixa e insista. Os inovadores gastam quase 50% mais tempo tentando pensar diferente em comparação aos demais[5]. Ninguém espera a maçã cair sobre a cabeça ou cruza os braços até receber uma inspiração divina. É um hábito, é trabalho, é movimento.

---

[4] DYER, Jeff; GREGERSEN, Hal. Learn How to Think Different(ly)". **Harvard Business Review**, 27 set. 2011. Disponível em: https://hbr.org/2011/09/begin-to-think-differently. Acesso em: 21 jan. 2025.
[5] Ibid.

3. Honre a sua palavra, valorize quem você é.

Já se perguntou por que as pessoas deixam os seus empregos? Há diversos motivos e, muitas vezes, bons salários e propósitos são incapazes de manter uma posição. Às vezes, o que está em jogo é algo muito maior do que isso e, acredite, nem tudo é negociável – principalmente, quem você é.

Deixei aquela empresa porque uma expatriação não estava nos meus planos – só nos da organização. Assim, ingressei em um setor completamente diferente de tudo que já tinha vivido, um universo paralelo, daqueles em que o *status*, o luxo, os jogos de poder e a ostentação fazem parte da rotina. Há motivos de sobra para se agarrar a oportunidades como essa e não deixar mais de ser mimado na vida – exceto se você é uma dessas pessoas que não se deixa guiar pelo ego.

Eu estava lá por um motivo e criei em poucos meses o que muitas companhias demoram anos, de uma política abrangente de governança corporativa a programas sociais e de sustentabilidade, além de reestruturações em processos de gestão de pessoas. Sempre digo: faça com amor o que foi designado. Se o custo disso estiver alto demais, esse não é o seu lugar. Então, honre a sua palavra, entregue o que prometeu com mestria e preserve, acima de tudo, a sua integridade.

Em outra indústria, percebi isso quando a cultura da empresa ameaçou se sobrepor à minha humanidade. Para mim, a empatia, o respeito e a conexão genuína são fundamentais para fomentar um ambiente saudável e impulsionar a inovação, a colaboração e o sucesso a longo prazo. O comando e controle é o atestado de uma gestão antiquada e míope, que não enxerga o impacto sobre o bem-estar do funcionário, sobre a produtividade da própria empresa e até do PIB. Segundo a Gallup, o baixo engajamento dos funcionários custa à economia global US$ 8,9 trilhões, ou 9% do PIB global[6]. Em algum momento, você precisa se perguntar: de qual estatística quero fazer parte? Para qual mundo quero contribuir?

4. Ser feliz sozinho não é legal.

Optei por investir no meu bem-estar e no meu futuro profissional de uma maneira diferente: tirei um período sabático justamente quando estava enfrentando um luto profundo. Sentia que parte de mim tinha se despedido deste mundo. Sei que eu sou privilegiada pela oportunidade de dedicar tempo para refletir sobre a minha carreira, organizar pendências pessoais e fortalecer a convivência familiar.

Acontece que eu também não consegui ficar muito tempo parada. A minha paixão por pessoas e desafios me fez explorar um novo setor: tornei-me sócia de uma cervejaria artesanal, após conhecer o mestre-cervejeiro e me encantar por um mercado extremamente aquecido. É isso que me mobiliza: a chance de fortalecer vínculos e de transformar negócios. É aprendendo e conectando que descubro oportunidades e aposto na chance da realização, do sucesso e da felicidade.

Nós, seres humanos, precisamos de oxigênio para sobreviver e, nesse sentido, as organizações podem ser claustrofóbicas ao limitarem nossa capacidade de desenvolvimento. Assim como os algoritmos das redes sociais restringem o conteúdo que vemos, ingressamos em uma companhia e passamos a circular entre as mesmas pessoas, discutindo os problemas de um único setor. Já ouviu falar na teoria do empreendedor americano Jim Rohn de que nós somos a média das cinco pessoas com quem passamos mais tempo? O que isso diz sobre você?

Não tenha medo, fure a bolha e explore o mundo diante

---

[6] SAHADI, Jeanne. Unhappy workers may reduce global GDP by as much as 9%, Gallup estimates. **CNN**, 13 jun. 2024. Disponível em: https://edition.cnn.com/2024/06/13/success/gallup-workers-economy-lonely-unhappy/index.html. Acesso em: 21 jan. 2025.

de si. Eu participo de diversos grupos – não só de RH. Não tenho vergonha de convidar um CEO de um setor completamente diferente do que atuo para um café para entender melhor suas ideias. O mais importante disso tudo é manter a relação ativa e cuidar de como você será lembrado.

A felicidade não está no isolamento e, definitivamente, em um só lugar, mas em conhecer pessoas diferentes, descobrir perspectivas distintas. Sou uma ativista do *networking* e do *lifelong learning*. É assim que se abrem portas – na mente e no mercado. É assim que se cria repertório para agir com diplomacia e não com política. É assim que se dribla a alienação, que se cria uma rede de apoio, que se fortalece a autoconfiança e a reputação, que se prepara para as adversidades inevitáveis do mercado e da carreira. Você pode deixar os algoritmos ou a sua empresa dirigir a sua vida e a sua carreira ou você pode assumir o GPS e decidir onde estar e com quem estar.

5. Você não me conhece.

Finalmente, não se engane, você não me conhece. Compartilhei um pouco do meu *mindset* e da minha carreira, mas a Yumi que escreve hoje não é a mesma de ontem, nem será a de amanhã. Vivo novas histórias, amplio o meu repertório, aprendo algo novo e acumulo experiência todos os dias. Espero que esse também seja o seu caso. Se você não muda, acredite: você está com defeito.

Eu faço isso porque é assim que gosto de viver, mas é também o que o mercado exige. Quase metade dos CEOs estão inseguros sobre a sobrevivência da própria empresa se continuar no mesmo caminho, segundo a PWC[7]. O imperativo da mudança é realidade e está só ganhando cada vez mais velocidade.

---

[7] 27ª Pesquisa Anual Global de CEOs da PwC. Disponível em: https://www.pwc.com/gx/en/issues/c-suite-insights/ceo-survey.html?WT.mc_id=GMO-CS-NA-FY-24-RFTF-GCS27-T0-CI-XLOS-WBP-GMOCSA00088-EN-OSLI-T1. Acesso em: 21 jan. 2025.

Posso parecer fria ou dura, mas só sou realista, uma vez que não romantizo mais a vida. Estou poupando você de dores ao tirá-lo do mundo de Alice. Já passei da fase de assinar cheque em branco. Se você está estagnado na carreira, não adianta culpar o chefe, a empresa ou o mercado; a culpa é só sua. Cada pessoa gera aproximadamente 15,87 TB de dados diariamente[8]. Se você não está aproveitando esse potencial de liderança, com algo capaz de transformar o (seu) mundo, você está desperdiçando a sua vida.

Minha frase favorita de Jim Rohn é: "O desafio da liderança é ser forte, mas não rude; ser gentil, mas não fraco; ser duro, mas não intimidador; ser grato, mas não relaxado; ser humilde, mas não tímido; ser orgulhoso, mas não arrogante; ter humor, mas sem tolice". Tive um mentor que sempre me provocava quando surgiam oportunidades "tentadoras", mas elas não estavam alinhadas com a minha carreira. As pessoas frequentemente acreditam saber o que é melhor para nós, mas eu sempre estive determinada a escolher companhias e caminhos que fazem sentido para mim. O "não" para os outros pode exigir coragem, mas é um "sim" para si próprio, pois reflete a sua capacidade de liderança, além da consciência do seu propósito, valores e objetivos, com base no seu histórico profissional e um repertório em constante atualização.

E por falar em constante atualização, vejo a oportunidade de me reinventar como um privilégio que não deve ser desperdiçado. Por isso, decidi não esperar que algo aconteça; o momento ideal para abraçar mudanças e reescrever minha trajetória é agora. Estou aproveitando cada chance para moldar o meu futuro e crescer, porque não importa para onde, importa com quem.

---

[8] BREAKING down the numbers: how much data does the world create daily in 2024? **Edge Delta**. , 11 mar. 2024. Disponível em: https://edgedelta.com/company/blog/how-much-data-is-created-per-day. Acesso em: 21 jan. 2025.

Os aprendizados de uma carreira promissora

Arlete Soares

Formada em Psicologia e com pós-graduação em Psicologia Organizacional, Gestão Empresarial e Direito Empresarial, é a responsável pelas áreas de Recursos Humanos, Jurídico, Facilities, TI, Sustentabilidade e Governança Corporativa da Wickbold, um dos maiores *players* nacionais da indústria de panificação. Atua também como *coach*, mentora e conselheira administrativa em grupos como Grubase, HR First Class e membro integrante do Clube CHRO Revista Exame.

LINKEDIN

"**E**u vou começar a trabalhar." O anúncio caiu como uma bomba na família e consolidou minha imagem de rebelde aos 13 anos. Sou a caçula de uma irmã e 14 primos. Meu pai, Antônio, era um desenhista projetista, rico em valores e regras. Para completar minha educação rígida, estudei em colégio de freiras. Quem apaziguava tanta disciplina era a minha mãe, Olinda, uma dona de casa com uma capacidade invejável de construir relacionamentos e uma dose extra de afeto.

Meu desejo por independência não teve nada a ver com rebeldia. Eu via o esforço do meu pai para pagar a escola e as despesas da casa e ansiava por independência financeira e autonomia, ainda que isso representasse uma mudança brusca de rotina. Encontrei inspiração em um primo, cuja dedicação ao "departamento pessoal", como era chamada então a área de Recursos Humanos (RH), em uma grande empresa lhe garantiu ascensão profissional, reputação, estabilidade financeira e conquistas materiais – à época, os principais indicadores de sucesso. Eu o observava e desejava, também para mim, uma carreira promissora como aquela.

Com ajuda de um tio muito querido, consegui um emprego de *office girl*. A disciplina impetrada pelo meu pai me ajudou a lidar com seriedade com cada tarefa atribuída a mim. Assim, as promoções não demoraram a surgir. Naquela mesma empresa, fui alçada a recepcionista e, depois, a auxiliar financeira. Saí de lá para trabalhar em uma multinacional. A decisão não foi motivada apenas por uma nova função, mas pela oportunidade de imergir em uma cultura organizacional bem estruturada, que prezava pela eficiência e prometia desempenhar no país um papel crucial na modernização da infraestrutura.

O ingresso na faculdade de Psicologia foi o motor para uma nova mudança quatro anos depois. Eu ansiava por trabalhar na minha área, a mesma do meu primo. Nasci e cresci em Santo André, um dos berços da industrialização brasileira. Em uma consultoria especializada em avaliações psicológicas, tive a chance de acompanhar o trabalho desempenhado por grandes indústrias do setor automotivo, metalúrgico e mecânico, em um momento de robusto crescimento da economia brasileira.

Ainda passei por três multinacionais, de diferentes setores, até apostar em uma posição de liderança em uma empresa nacional. Sim, foi uma aposta. A companhia era muito diferente de tudo o que eu já tinha vivido. Com apenas 150 funcionários, ela não era somente uma empresa voltada ao mercado interno, como também liderada pela família que dava nome à marca.

A Wickbold surgiu em 1938 quando o imigrante alemão Henrique Wickbold adquiriu uma padaria em São Paulo. Os pães fizeram tanto sucesso que logo passaram a ser distribuídos para supermercados da capital. A gestão passou de pai para filhos e netos nas décadas seguintes, quando a expansão da operação se consolidou, com a abertura de unidades fabris no interior e em outros estados.

Não demorei a perceber a diferença cultural entre as empresas pelas quais já tinha passado. Pelo seu porte e presença em diversos países, as multinacionais têm estrutura e gestão consolidadas, sustentadas por processos, padrões, métricas e uma governança bem estruturados, de acordo com diretrizes globais. As companhias nacionais sempre se caracterizaram por um perfil mais dinâmico e informal, alinhado à cultura e à economia local, marcada pela instabilidade e pela complexidade do mercado interno. As empresas familiares, por sua vez, são fortemente influenciadas pelos valores e pela história dos seus fundadores, formando uma gestão mais próxima e centralizada, que valoriza interesses os quais, em certos momentos, podem divergir das expectativas dos demais *stakeholders*. No entanto, essa dinâmica reflete o profundo compromisso com suas raízes e a visão de longo prazo, aspectos que muitas vezes exigem um equilíbrio delicado entre tradição e inovação. Segundo o Banco Mundial, apenas 30% das empresas familiares chegam à 3ª geração e apenas metade disso, ou seja, 15%, sobrevivem a ela[1].

Os três meses de experiência foi o tempo que me dei para decidir se aquele era o meu lugar. Uma conversa franca com um dos líderes da família influenciou a minha escolha. Escrevo este capítulo quase 32 anos depois daquele encontro e não tenho dúvidas de que tomei a decisão certa. Não foi só a Wickbold que cresceu, superando as estatísticas e se consolidando como um dos principais *players* do mercado de panificação, com marcas Top of Mind em diversos segmentos, quatro unidades fabris e 2,5 mil funcionários diretos. Com cada movimento de expansão da companhia, eu também encontrei o ambiente propício para me desenvolver.

Como você, leitor, deve imaginar, são muitos os marcos e as memórias acumulados em mais de três décadas, mas não tenho dúvidas de que os principais aprendizados foram:

Visão de Futuro alinhada com a construção da carreira

O que aquele líder me disse a ponto de influenciar minha decisão? Ele me falou como enxergava o futuro da empresa. Ao

---

[1] QUAL é o grande desafio à longevidade das empresas familiares brasileiras, segundo Dom Cabral. **Exame**, 25 fev. 2023. Disponível em: https://exame.com/negocios/qual-e-o-grande-desafio-a-longevidade-das-empresas-familiares-brasileiras-segundo-a-dom-cabral/. Acesso em: 21 jan. 2025.

demonstrar a sua visão arrojada, que definiu os objetivos estratégicos da organização, visualizei as possibilidades de desenvolvimento para mim. Eu sabia que teria muito trabalho pela frente e não tive preguiça de arregaçar as mangas e me reinventar.

Embarquei naquele sonho e fui além do que imaginava. Estudei grande parte do tempo: fiz pós, MBA, especializações e formações para sustentar os desafios diante de mim – não só no RH, mas também no Jurídico, em Sustentabilidade, em Facilities e, mais recentemente, em Tecnologia da Informação, áreas sob a minha liderança. O mundo corporativo sempre foi minha paixão e estar envolvida com o negócio faz parte do meu DNA. Por isso, ampliar os meus conhecimentos era inevitável. Não tenho dúvidas de que o alinhamento de direção e propósito entre empresa e colaboradores pavimenta o futuro de ambos, impulsionando o desenvolvimento, fomentando a inovação e nos tornando mais competitivos e atraentes ao mercado.

Comunhão de valores

Além de promover um ambiente de trabalho mais produtivo e engajado, a sintonia de valores reduz ruídos e conflitos, pois lideranças e colaboradores conhecem o potencial e os limites da organização para o cumprimento das metas e superação de desafios. Os valores fortes da Wickbold tornaram-se a base de uma gestão humanizada, que valoriza tanto a entrega quanto o respeito às pessoas, fomentando um ciclo virtuoso de produtividade e resultados de longo prazo. Eu me senti muito confortável, pois comungava dos mesmos valores e, dentro dessa abordagem, pude desempenhar um papel crucial, já que um líder pode servir como inspiração, facilitador e catalisador de mudanças positivas, além de guardião da cultura.

Reinvente a si mesmo e aos desafios

Já mencionei como investi em formações e especializações para fazer frente às mudanças impostas pela organização e pelo mercado. É importante reforçar, também, que nunca escolhi desafio. Assumi sem reclamar projetos pelos quais não sentia afinidade alguma, pois sabia que aquela situação, dificuldade ou provocação poderia agregar algum conhecimento ou aperfeiçoar alguma habilidade, inclusive minha resiliência e capacidade de adaptação, duas características herdadas da minha mãe que sempre me instigaram a enxergar mais oportunidades do que problemas. Em vez de me colocar na defensiva, a pergunta que sempre me faço é: o que eu posso aprender com isso?

Esse *mindset* torna-se cada vez mais importante em um mundo em acelerada transformação, provocada por diversos fatores, incluindo a tecnologia e as mudanças climáticas. Ajuda a desenvolver uma visão holística e se abrir à colaboração. Sempre incentivo os meus times a romper os silos, a entender o negócio e a serem mais curiosos sobre tudo e todos, buscando novas perspectivas e formas de fazer.

Liderar é um ato de coragem

Para assumir o protagonismo, é preciso assumir riscos e fazer escolhas nada populares. E isso serve para a vida e para a carreira. Perdi as contas de quantas críticas recebi por várias decisões – inclusive, a de não ter filhos, algo que só deveria interessar a mim e ao meu marido, ou a de preferir atuar em projetos com jornadas de trabalho extensivas, deixando de ter, muitas vezes, uma vida pessoal mais tradicional, na qual a mulher é mais presente em casa e realiza todas as atividades domésticas ao final do dia. Confesso que, até hoje, não cozinho, pois nunca me senti atraída pelo fogão, mas amo e admiro quem o faz. Meu marido é quem tem, em casa, essa habilidade.

Digo que liderar é um ato de coragem, pois é preciso desafiar as convenções e sair da zona de conforto. É necessário conhecer a si próprio e respeitar a essência das pessoas, construindo relações verdadeiras e duradouras. Orgulho-me muito de ter ao meu lado até hoje as minhas amigas do colégio de freiras; de ver o crescimento de ex-funcionários, muitos deles já em posições de destaque em companhias nacionais e internacionais; e de ter familiares mais próximos por perto, sempre respeitando cada qual pelas suas escolhas.

Cerque-se de "gente do bem"

Não tenho dúvidas do impacto do círculo social no bem-estar e na entrega de resultados. Estar rodeado das pessoas certas cria um ambiente propício para o desenvolvimento mútuo, incluindo o da organização.

Sou muito cuidadosa com os meus relacionamentos e, embora valorize muito a diversidade, não renuncio a quatro características: caráter, justiça, otimismo e coragem. Não quero me cercar de pessoas que vejam o mundo como eu, mas que sejam capazes de ver mais oportunidades do que ameaças, que não se encolham diante dos obstáculos. O meu marido, por exemplo, tem um perfil complementar ao meu, me ajudando a me estruturar e a ter uma perspectiva mais ampla dos desafios e da própria vida. Na contratação de talentos, a qualificação técnica, às vezes, perde espaço para habilidades sociais. Confio mais na capacidade de uma pessoa bem-intencionada, com caráter, inconformismo e vontade de aprender e de ir além. Gente do bem, como costumo dizer, não desacelera ou desanima quando a empresa é vendida – pelo contrário, ainda zela pelo resultado e sente orgulho da entrega, mesmo diante da incerteza.

E, para quem acha que esse comportamento é complacente, característica de líder que passa a mão na cabeça de colaborador, aviso: não tenha medo de ser exigente – ao invés disso, o seu papel é inspirar as pessoas a descobrirem o seu potencial e a se tornarem protagonistas. Por isso, em vez de entregar as respostas para o time, sempre preferi incentivar o pensamento crítico e a busca por soluções dentro e fora de si. Ao desenvolver a capacidade de resolução de problemas complexos, seus membros tomam decisões mais conscientes, conseguem antecipar riscos e navegar em um cenário competitivo com mais clareza e eficiência. Além de colaborar, todos se envolvem na tomada de decisão de algum projeto, problema ou algo do gênero.

Abrace a sua vulnerabilidade

Ao contrário do que diz o senso comum, um líder precisa se permitir ser vulnerável, isto é, assumir que não sabe de tudo e que, também, está suscetível a erros. Essa postura de abertura e humildade não nos torna mais fracos diante do time – pelo contrário, nos faz mais curiosos diante de um mundo diverso e em constante mutação. Passamos a participar ativamente das situações, aprendendo e, ao mesmo tempo, ensinando.

Além disso, a vulnerabilidade também ajuda na construção de relacionamentos mais genuínos, baseados em uma virtude muito valorizada e escassa não só no ambiente corporativo: a confiança. Ao nos colocarmos como humanos e falíveis, as pessoas sentem abertura para expor ideias suas e admitir erros. É o estopim para a troca, para a busca de soluções conjuntas e para a tão desejada inovação, uma vez que os problemas e as diferenças são tratados com empatia, com adaptabilidade e como uma chance de crescimento mútuo.

Faça *networking*

Há muitos mitos envolvendo este tópico. Para começar, muita gente diz que não faz *networking*, pois não sabe "se vender." Eis aqui um equívoco importante: *networking* não é sinônimo de marketing pessoal, não é promover a si e à empresa onde se trabalha, embora isso aconteça de forma indireta. O objetivo é construir uma rede de contatos para troca de tendências, práticas e desafios que contribuam para o seu desenvolvimento pessoal e profissional.

Outras pessoas dizem que não veem necessidade de fazer *networking* porque já se relacionam bem dentro da empresa ou com os seus pares em outras empresas do setor. A proposta de um bom *networking* é expandir horizontes. A participação em eventos, fóruns e grupos nos permite conhecer pessoas diferentes e ampliar o repertório ao conhecer realidades diferentes das nossas.

Finalmente, há quem diga que não tem tempo para isso. Essa "desculpa" acende uma luz de alerta, pois só terá espaço no mercado quem tiver proatividade e protagonismo, entre outras atitudes potencializadas pelo *networking*, que pode nos conectar com profissionais diferentes, diferenciados e influentes, ampliando nossa visão estratégica e acelerando o nosso crescimento. *Networking* é movimento e é crucial para se manter competitivo e atualizado no mercado.

Não desista dos seus sonhos

Não importa quantas pessoas acreditam em você e no seu potencial. Não importa quantas pedras você encontrará pelo caminho. Se você respeitar seus sonhos e propósito, não só se realizará, como se tornará referência para quem estiver ao seu redor – inclusive aqueles que diziam que não era possível.

Tudo o que eu imaginei lá atrás eu conquistei por meio de muita dedicação e entregas firmes. Trabalhei muito, fiz escolhas difíceis, escutei críticas cruéis, mas me mantive firme no meu caminho. Isso não quer dizer que eu fui inflexível. Sou uma pessoa de raízes fortes, com vínculos sólidos, que sempre se permitiu experimentar. Nunca olhei para o futuro com medo, mas como uma chance de descobrir oportunidades que eu mesma nunca imaginei e me deixar transformar por elas.

Afirmo com segurança: nunca desvie de sua essência, independentemente do obstáculo à frente. Os seus sonhos o impulsionam, mas o seu caráter é a sua bússola para construir uma reputação sólida e de confiança com as pessoas.

Sabe aquela garota de 13 anos que sonhava com uma carreira promissora?

Quase 50 anos depois, ela pode dizer que não só conquistou isso, como também impactou a vida de muitas pessoas que liderou e influenciou. E essa jornada não acabou. O meu legado se mantém em atualização, pois a minha capacidade de sonhar e a vontade de realizar estão intactas. Disposição não me falta. Afinal, por tudo o que já vivi, eu sei que não importa onde, importa com quem.

Da favela ao mundo

Bruno Omeltech

É marido da Roberta e pai do Gustavo, teve sua vida transformada através da educação. *Expert* em educação corporativa, está à frente de diferentes projetos e tem o *know-how* de implementar soluções de educação à distância nas principais organizações mundiais. Hoje atua como CEO da Omeltech e é responsável por conduzir a operação da empresa no Brasil, Estados Unidos, Canadá e Portugal.

LINKEDIN

Muito prazer, eu sou Bruno Omeltech

Olá, eu sou o Bruno e é um grande prazer ter você aqui conosco, obrigado por dedicar o seu tempo para conhecer um pouco mais sobre a minha história e como ela se relaciona com esse tema. Enquanto jovem, por ter um perfil mais tímido, não entendia a importância de trabalhar em relações fortes e como elas podem nos levar para outros patamares. Tive a oportunidade de contar com grandes líderes ao longo da minha jornada, que me inspiraram e me incentivaram; com o passar do tempo e com maturidade, entendi a complexidade e a importância do assunto. Hoje boa parte da minha agenda está concentrada em construir fortes relações, inclusive, se não fosse assim eu não teria a oportunidade de contribuir com esta obra. Então, ao longo das próximas páginas contarei como um menino tímido que saiu da periferia de São Paulo já impactou mais de 300.000 pessoas ao redor do mundo através da sua empresa, que tem operação em quatro países diferentes.

Seja bem-vindo!

Existe potência na Favela

Eu tenho muito orgulho de dizer que nasci e cresci na periferia de São Paulo, minha infância foi na região do Capão Redondo, Campo Limpo e Jardim São Luiz, todos bairros da Zona Sul, locais que nos anos 80 eram conhecidos como alguns dos mais perigosos do Brasil.

No começo da minha adolescência eu me mudei para Pedreira, outra região periférica da Zona Sul de São Paulo, e é neste momento que começo a entender como a vida funcionava. Eu e alguns amigos começamos a adotar um hábito: nós íamos para a escola, mas não de verdade, entrávamos, mas no momento em que o sinal soava pulávamos o muro da escola e saíamos para vivenciar os perigos que nos cercavam. Presenciei cenas que você, querido(a) leitor(a), deve ter visto apenas em séries do Netflix.

Lembro-me como se fosse hoje: era uma terça-feira ensolarada e o primeiro rolê da semana já organizado, poucos minutos antes de o sinal soar vou ao banheiro e, ao sair, tomo a decisão que mudaria minha vida completamente. Antes de me juntar aos meus amigos, paro e encosto em uma pilastra e me pego pensando: "O que eu estou fazendo da minha vida?" Eu sabia aonde aquela atitude me levaria, eu já tinha visto acontecer com algumas pessoas e sabia que se continuasse com aquela prática meu destino seria cadeia ou caixão. Para deixar claro, mesmo com uma origem muito simples eu nunca tive uma referência como essa em casa, muito pelo contrário, meus pais sempre foram meus maiores incentivadores e constantemente me diziam que estudar era o único caminho para mudança de vida. Ali, naquele momento enquanto estava parado olhando o movimento da escola, pensei nos meus pais e todo esforço que eles haviam feito e pensei: "Se um dia eu quiser uma vida diferente, precisarei dar um basta neste ciclo atual". A partir de então eu decidi dedicar o meu tempo aos estudos, não mataria mais aula e entrei em um ciclo que eu sabia que seria melhor, mas não tinha noção do impacto que causaria na minha vida e na vida de milhares de outras pessoas.

Me formo então no ensino médio com colégio técnico em processamento de dados, neste período faço uma prova de um concurso público que me levaria à minha primeira experiência profissional, estágio na área financeira da Sabesp em São Paulo. O estágio durou dois anos. Eu, muito jovem e sem experiência quanto à dinâmica do mercado corporativo, não tinha conhecimento sobre a importância de estar conectado com pessoas, muito menos sobre liderança, termos esses que não faziam parte do meu vocabulário até então.

Mesmo sem conhecimento dessas práticas eu fui extremamente impactado por elas de forma positiva. Vivi o reflexo de uma cultura forte, de um ambiente com pessoas que se apoiavam e que tinham no líder um grande exemplo. Posso garantir que ao longo de toda minha jornada como colaborador em uma organização esse foi o lugar mais feliz em que pude trabalhar.

Depois disso fui trabalhar em uma empresa onde aprendi a importância e o impacto de um líder. A cultura organizacional não era das melhores, empresa familiar de dono que tinha o hábito de trabalhar com muita pressão e cobranças excessivas, mas isso não refletia diretamente no meu trabalho, pois eu tive o privilégio de ter ao meu lado um líder incrível, que acreditava no meu potencial e que fazia um trabalho excelente. Fui inspirado por esse líder a fazer faculdade e a começar a pensar no meu futuro. Sem dúvidas essa fase foi essencial para eu ser o profissional que sou hoje e nas minhas práticas atuais de liderança, quando tem alguma situação difícil ou quando estou sem energia, me recordo desse momento e quanto o trabalho de um líder pode mudar a vida do colaborador.

Em 2009 minha vida tem um novo salto, conheço Roberta, uma mulher incrível que um ano depois se tornaria minha esposa, sócia e mãe do meu filho Gustavo. No mesmo ano do casamento, 2010, Roberta teve uma experiência com a liderança da empresa em que ela trabalhava bem oposta à que eu tive: líderes tóxicos que só queriam saber de resultado, sem nenhuma preocupação com as pessoas. O resultado? Roberta teve um *burnout*, ficou hospitalizada por um tempo e se recuperou bem, mas naquele momento decidimos que não era viável continuar daquela maneira, naquele momento eu já tinha aprendido bastante sobre pessoas com meu gestor anterior e enxerguei naquele momento, que parecia muito ruim, uma oportunidade. Roberta então sai dessa empresa e com as verbas rescisórias iniciamos a nossa jornada empreendedora.

Ao longo do primeiro ano eu mantive o emprego em que eu estava enquanto estruturávamos a operação da Omeltech, que começou com consultoria em finanças para empresas, cursos e palestras sobre finanças pessoais e é justo neste período que a minha visão sobre a importância das conexões começa a se abrir. Ao longo de dois anos tivemos a oportunidade de realizar diversas turmas abertas de forma gratuita para o público, porque havíamos feito parceria com todos os fornecedores e pudemos contribuir de forma significativa logo no início da nossa trajetória. Em uma dessas turmas recebemos uma conhecida nossa que deu um *feedback* bem positivo no final do *workshop*. Dias depois, Roberta recebe uma ligação desta pessoa, que na época trabalhava na TV Gazeta, dizendo que eles tinham o objetivo de desenvolver um quadro de finanças pessoais para um programa vespertino e ela queria nos indicar. Pois bem, fomos à reunião com o diretor do programa, apresentamos nosso *case* e mesmo com apenas um ano de empresa tivemos a oportunidade de participar desse quadro, o que resultou em quase dois anos de quadro quinzenal em uma TV com projeção nacional. Esses dois fatos, a parceria com fornecedores que nos permitia fazer eventos mensais e a indicação desta pessoa para esse quadro na televisão, abriram minha visão de uma forma muito clara para o tema deste livro: não importa para onde, mas sim com quem estamos caminhando, pois naquele momento tínhamos pouco tempo de vida empreendedora e ter pessoas que acreditavam em nosso potencial foi essencial para construirmos nossa empresa.

Foram dois anos em um programa com alcance nacional, o que nos deu uma boa visibilidade. Então acontece outro marco na nossa história, pois algumas empresas começaram a solicitar turmas *in company* de finanças pessoais para seus colaboradores e então outra janela de oportunidade aparece, entendemos que o mercado de educação corporativa tinha um grande potencial. Aos poucos mudamos a estratégia da empresa, passamos a prestar serviços de consultoria e termos turmas abertas *in company*.

Aos poucos começamos a ganhar notoriedade e atender clientes importantes e em 2017 tive a oportunidade de realizar um dos meus maiores sonhos. Mesmo tendo nascido na periferia de São Paulo, meus pais sempre me incentivaram a procurar o melhor, a estudar e fazer as coisas de uma forma melhor. Desde muito cedo eu sonhava pisar nos Estados Unidos, algo que parecia impossível começou a tomar forma e foi em 2017 que tive a oportunidade de realizar algo que jamais pensei que aconteceria: fui participar da principal conferência de educação no mundo, chamada ATD, e mais uma vez minha vida dá um salto significativo, não por ter iniciado algum negócio internacional, mas sim por acreditar no meu potencial. Naquele momento eu estava realizando algo que parecia impossível no passado, mas que com as conexões certas e com muita força de vontade foi possível, e me lembro de ter falado para mim mesmo: "Bruno, este é um marco, o mundo vai conhecer o poder que há na favela".

O poder das decisões

Nesta conferência eu comecei a notar o poder da educação *online*, assisti a algumas palestras sobre o assunto e vi algumas soluções de expositores sobre produção de conteúdo digital e ali desperta em mim uma curiosidade sobre o tema. Na época, a maioria das empresas brasileiras não tinham o hábito da educação digital, no máximo utilizavam uma intranet para acessar um conteúdo prévio e fazer uma avaliação no final, por isso começamos a estudar um pouco mais sobre educação digital.

Em 2018 eu volto para essa mesma conferência, nesse ano realizada em San Diego, na Califórnia, nesta edição já se falava muito mais sobre educação digital, a maioria das palestras tratavam sobre o assunto e havia muito mais expositores com soluções digitais. O evento teve como palestrante principal o ex-presidente dos Estados Unidos, Barack Obama, um ótimo comunicador, que por sinal fez uma palestra incrível. Saí daquele momento extremamente inspirado. O evento termina e aquela curiosidade sobre educação digital se torna um incômodo, eu precisava fazer algo a respeito, ligo para Roberta e digo: "precisamos abrir a área de educação digital da nossa empresa, esse é o nosso próximo e importante passo".

Roberta, como sempre, topou o desafio e assim que voltei para o Brasil iniciamos o planejamento dessa área. Demos o pontapé inicial da nossa área de fábrica de conteúdo no final do mesmo ano. Passamos os primeiros dez meses de 2019 trabalhando de forma árdua em mostrar para os clientes a importância e os benefícios da educação digital, até que a partir de novembro daquele ano começamos a ouvir rumores sobre uma doença que tinha potencial de se tornar um risco global, mas que ainda era muito incerto e por isso acompanhávamos de forma tímida as notícias sobre o avanço da doença lá na China.

Os meses vão passando e em março de 2020 o mundo praticamente para, incluindo nosso negócio, que até então tinha seu maior faturamento proveniente de atividades presenciais, mas aqui mais uma vez o tema deste livro se faz presente, a maior parte dos nossos projetos começam a ser cancelados ou congelados e nós entramos em um processo de grande ansiedade. Nós só não fechamos a empresa por conta de uma pessoa que eu havia conhecido na pós-graduação e que havia se tornado uma cliente, uma gestora de recursos humanos de uma das maiores varejistas do Brasil. Mesmo com todas as lojas físicas fechadas, ela decidiu manter o contrato conosco, o que nos salvou nos primeiros quatro a cinco meses da pandemia.

Com o passar do tempo as empresas começaram a entender que precisariam investir na educação *online*, pois ninguém sabia ao certo quando voltaríamos ao "normal". Neste momento aquela decisão de 2018 começa a ter um efeito significativo. No Brasil éramos uma das poucas empresas de educação corporativa que já estava preparada para a produção de conteúdo digital e com um belo diferencial, nós decidimos nos especializar no processo educacional digital do adulto e não em um conteúdo específico, pois naquela época entendemos que as empresas já possuíam muito conteúdo interno e que a necessidade seria transformar esse conteúdo existente em algo digital e escalável. Foi então que, ainda em 2020, mais uma vez através de uma conexão com uma pessoa tivemos a oportunidade de fechar uma parceria com uma das maiores empresas de recrutamento e seleção da América Latina e o nosso nome passa a ser conhecido em larga escala.

No ano seguinte, 2021, fizemos centenas de reuniões com clientes para entender como o ano se desenharia, se os projetos voltariam para o presencial ou se continuariam digitais. Nestas conversas analisamos que os projetos continuariam digitais ao longo de todo o ano, pois as empresas entenderam que sim, era possível desenvolver as pessoas de forma digital, o que reduzia muito os cursos com logística; as pessoas recebiam o mesmo treinamento, independentemente da sua localidade, e estava sendo efetivo. Naquele momento, depois do caos inicial, a chama que havia acendido em 2017 volta a queimar, eu olho para Roberta e digo: "O que acha de testarmos um novo *home office*?" Roberta responde: "Como assim?!", e eu argumento: "Se tudo vai ficar *online* ao longo de todo o ano, por que não passamos um tempo lá nos Estados Unidos? Nós mudaremos de local, mas o trabalho vai ser o mesmo".

Pois bem, depois de algumas conversas e consultas com advogados de imigração resolvemos embarcar em mais esse desafio, e no dia 1º de março de 2021 fomos para os Estados Unidos para viver no país que na minha adolescência nunca achei que seria possível. Pois bem, o primeiro ano passou, com muitos desafios, e em 2022 eu resolvo fazer uma imersão na StartSe em Miami para conhecer o ecossistema de inovação que estava começando naquela região e, mais uma vez, a conexão com as pessoas certas gera um impacto significativo na minha vida.

A semana foi conduzida brilhantemente pelo meu amigo Maurício Benvenutti. Nas semanas seguintes combino um almoço com ele e no meio da conversa tenho a oportunidade de contar um pouco da minha jornada empreendedora e imigratória, na mesma hora ele me diz: "Bruno, você toparia falar para uma das nossas turmas aqui em Miami?" Topei o desafio e nos meses seguintes estava eu lá, o mesmo menino que tinha um sonho, que havia crescido em um lugar totalmente vulnerável, falando para executivos e executivas em Miami. Naquele momento mais uma vez o tema deste livro se fez presente, eu nunca havia imaginado isso, nem mesmo planejado, mas se conectar com as pessoas certas pode gerar oportunidades jamais pensadas.

Depois de duas turmas em Miami, os *feedbacks* foram muito bons e então recebo outro convite inusitado: a oportunidade de falar para equipes do Vale do Silício, e obviamente eu aceitei na hora. Sim, caro leitor, o Bruno que saiu de uma das regiões mais perigosas do Brasil estava a caminho da região mais inovadora do mundo para compartilhar um pouco da sua história, e vocês se lembram do que eu havia dito para mim mesmo lá em 2017? Pois bem, a favela estava começando a ser conhecida mundialmente. Tive a oportunidade de falar para algumas turmas naquela região em que hoje temos uma operação da Omeltech, me conectei com muita gente incrível ao longo dessa jornada. Foi quando decidimos iniciar as operações no Canadá, depois de uma visita nossa à região, e também fui convidado para fazer uma palestra para um grupo de brasileiros durante o evento Web Summit em Lisboa, Portugal, onde hoje também temos uma operação.

Continue firme!

As histórias não param por aí, mas o meu objetivo ao longo destas páginas era compartilhar contigo os principais pontos de inflexão, que me fizeram sair de uma realidade sem nenhuma esperança para uma com infinitas oportunidades. Isso não aconteceu porque eu tinha um QI acima da média, muito menos porque tinha dinheiro e fazia parte de um grupo social seleto. Os resultados aqui compartilhados foram graças a muito esforço, uma vontade infinita de transformar a realidade e a conexão genuína com as pessoas certas.

Hoje, 2024, eu tenho tido a oportunidade de viajar por todo

o Brasil para compartilhar um pouco desta história. De norte a sul, de leste a oeste tenho falado para as pessoas: "Se eu consegui, você também consegue", e esse é o recado final que quero deixar para você, não desista, siga firme em busca dos seus sonhos e lembre-se: não importa para onde, importa com quem.

Conexões que transformam: A importância das relações pessoais e profissionais

Caio Infante

Eleito por quatro anos consecutivos como um dos profissionais de RH mais influentes do mercado, é formado em Publicidade e Propaganda pela ESPM e possui MBA em Gestão Internacional pela University of Technology, em Sydney, na Austrália. Com carreira profissional desenvolvida na área de Negócios em agências de propaganda do País e do exterior, atuou, também, no site Trabalhando.com como diretor Comercial e de Marketing, chegando a Country Manager da operação. Desde o início de 2017, Caio está na Radancy, onde seu conhecimento sobre marca empregadora cresceu exponencialmente. Hoje, ocupa o cargo de vice-presidente regional da agência, mantendo contato com alguns dos maiores nomes mundiais do tema. Ele também é um dos cofundadores da Employer Branding Brasil, a maior comunidade sobre marcas empregadoras, com mais de 40 mil seguidores nas redes sociais. É investidor e conselheiro de *startups* de recursos humanos (*hr techs*).

LINKEDIN

Prazer, Caio Infante.

O Caio do Employer Branding.

O Caio da EBB.

O Caio polêmico.

O Caio "sincerão".

O Caio influenciador.

O Caio Messi.

O Caio *Boy*.

O Caioba.

O Caiova.

O Caieira.

O Cainho e, também, o Caião.

O *Boss*.

O Caio de tantos apelidos, amigos, turmas e histórias.

Desde a minha infância, sempre fui rodeado por amigos dos mais diferentes tipos, idades e classes sociais. Dizem que se nasce líder – embora existam inúmeros treinamentos sobre Liderança, nem todo mundo tem esta habilidade. E nem todo mundo quer ser líder. Para liderar, é preciso ter pessoas boas e comprometidas por perto. Este é o segredo de qualquer cultura ou organização de sucesso: pessoas!

Na escola, fui Presidente do Clube de Classe e Capitão do Time (quem jogou Interclasses sabe sobre o que estou falando). Fundei um time de amigos depois de formado, porque não só o futebol sempre fez parte da minha vida, como os amigos constantemente estiveram por perto também. O time durante anos jogou diferentes campeonatos (incluindo a Primeira Divisão do Futebol *Society* Brasileiro) e, depois de uma pausa (a vida do atleta amador sente mais a pressão do trabalho e da família), voltou neste ano mais que para competir: voltou pela famosa "resenha" – conversas, risadas e amigos que o esporte proporciona.

Minha mãe sempre reclamou que minha agenda social era uma "coisa de outro mundo". Todo final de semana tinha alguma coisa no calendário. Sou padrinho de casamento de nove amigos. E estive presente em muitos outros – de cabeça, pelo menos em mais 20 ocasiões vesti meu terno e gravata para prestigiar algum amigo ou amiga nesta data tão especial. Quem já casou sabe como é difícil escolher convidados para a festa, nem sempre tem espaço para todo mundo.

Meus aniversários, invariavelmente, têm 40 ou 50 pessoas. Já fiz em bar, balada, churrasco e, não importa o tema, estou sempre rodeado de quem sente carinho por mim.

Eu sou do tipo que "Bora? Bora!". Faço amigos facilmente. Tenho um estoque de piadas sem graça, muito bom humor e uma energia sem fim. Levo a vida de maneira simples e racional; apesar de ser uma pessoa de pessoas, as decisões são sempre embasadas por dados e fatos. Curiosidade: dizem que libriano é indeciso. Acho que nasci no signo errado, então. Sou muito decidido, firme, seguro.

O fato é que tenho certeza que a vida é feita de pessoas e relacionamentos, sejam pessoais ou profissionais. Amigos que viram parceiros de negócios, colegas de trabalho que viram uma família e assim por diante. Quando me convidaram para estar neste livro, topei na hora, pois não haveria melhor título que se misturasse com a história da minha própria vida: Não importa onde, importa com quem!

Vou citar uma passagem importante da minha vida que simboliza bem quem sou eu e como são minhas relações. Em 2003, fui fazer um MBA na Austrália, que, até então, não era rota de intercâmbio. O Orkut ainda não havia sido lançado e a internet era cara e discada – a banda larga acessível surgiu pouco tempo depois. Cheguei lá sem conhecer ninguém. Como um bom brasileiro, entrei no nswsoccer.com e comecei a pesquisar times de futebol mesmo sem conhecer a geografia local. Achei um time de futebol de salão com australianos, sérvios e um argentino. Pouco tempo depois, achei um time de campo mais multicultural ainda. Em quase três anos em Sydney, colecionei títulos individuais e campeonatos locais. Mais que isso: acumulei novos amigos e novas histórias.

Quando decidi voltar para o Brasil, em 2006, sabe quantas pessoas foram na minha festa de despedida? Dez? 30? 50? Mais de 60 pessoas foram lá me dar um abraço. Alguns não queriam me deixar ir embora e diziam que eu era importante para o time (não eram tão amigos assim, eram interessados no futebol do brasileiro).

Foi depois dessa volta que entrei para o mundo dos Recursos Humanos, em 2008. Nessa época descobri minha vocação dentro deste segmento extremamente relacional e que precisa de confiança para se fazer negócios. Nesses anos todos, sem dúvida alguma, o maior diferencial que guiou minha carreira profissional e me tornou influenciador no segmento mesmo sem ser um RH tradicional foram os relacionamentos que criei e cultivei.

Cada um de nós tem uma história única e só nós sabemos nossas qualidades e nossos defeitos. Temos histórias as quais nunca ninguém saberá – eu tenho as minhas, os meus "segredos". Nada ilegal ou incorreto, apenas momentos e experiências que prefiro guardar. E é claro que, em cada história vivida, existem pessoas e personagens que vivenciaram comigo estes momentos especiais.

Aprendi que amizade tem fases. Sim, fases. A vida toda fui de ter muitos amigos. Mesmo sem beber, sempre fui o último a sair da balada ou do bar. Estou em todos os churrascos e resenhas. Socializo fácil. Às vezes, começo tímido, mas logo me solto e faço piadas sem graça com as quais as pessoas se divertem. E dessa maneira vou indo. Costumo dizer que tenho melhores amigos por fase. Melhor amigo da escola, melhor amigo da faculdade, da balada, do trabalho e assim por diante. Tenho não só melhor amigo, mas, eventualmente, turmas que eram próximas por um interesse em comum em um determinado momento da minha vida.

A diferença é que consigo manter estes relacionamentos mesmo depois de muitos anos e até décadas. Eles vão muito além de mensagens nas redes sociais. Sou uma pessoa que se motiva e se energiza com outras pessoas. Quem já fez o *assessment* MBTI sabe o que é um Extrovertido, em que tive a pontuação máxima. E não é extroversão de ser "saidinho", mas de lidar bem com outras pessoas. Tem gente que gosta mais de bicho que de gente. Eu, hein? Adoro minhas cachorras e animais em geral, mas ainda sou *old school* e gosto mais de gente.

E sabe qual é o segredo para manter longas amizades por tanto tempo? Contato humano, muito além dos *stories* nas redes sociais. Pode demorar mais ou menos tempo para ver todos os amigos que quero, ir a todas as festas e *happy hours*, mas, dentro do possível, sou onipresente. Gosto de estar perto de quem esteve comigo em momentos especiais da minha vida e da minha carreira. Para mim, nada supera o presencial. Aprendi que, se alguém o convidou para uma festa, é porque ela quer que você vá, mesmo que seja em um grupo de WhatsApp, porque senão ela teria mandado individualmente o convite para alguns membros daquele grupo.

Outro detalhe importante é lembrar das pessoas e das memórias que você compartilhou junto com elas. É muito comum eu mandar foto de um restaurante que me lembra algum destes momentos ou o nome de uma loja ou pizzaria que têm o mesmo nome de um amigo (o pessoal é criativo nos nomes, comece a reparar). Tenho a memória boa, isso ajuda. Comece a exercitar a sua!

Em viagens nacionais e internacionais, não é raro eu passar para visitar alguém. "Mas, Caio, você conhece gente pelo mundo todo?" Não necessariamente, mas alguns amigos e amigas saíram do Brasil para ir morar em outros países e, como já estive na posição de morar fora, sei que ter contato com velhos amigos faz toda a diferença. Mais uma vez, não importa onde, mas sim com quem. O curioso é que me aproximei até mais de alguns amigos depois que eles foram morar fora. Não consegui visitar todos ainda e até gostaria, mas faltam tempo e milhas para viajar mais.

Se as pessoas fizerem parte da sua vida de verdade, por que esquecer ou descartá-las? Entendo que a vida muda, assim como a família, os filhos, o trabalho e até o país, como mencionei, e eu até sentia medo disso antes de os meus filhos nascerem, mas percebi que a vida se encarrega de manter tudo correndo bem, com a gente cultivando as amizades e criando novas. O mundo dá voltas. São inúmeros encontros e desencontros. Manter contato, muitas vezes, depende só da gente e a verdade é que a maioria das pessoas tem preguiça de se manter ativa. Entendo, mas discordo. Só depende da gente se manter conectado.

Celebre a vida, as conquistas, as pessoas. Compartilhe dores, vitórias, desafios. Sempre vai ter alguém disposto a ajudar, a colocar você para cima, trazer uma visão diferente do que você está vivenciando, compartilhar uma experiência nova que vai fazê-lo refletir. Somos todos seres humanos e nascemos para socializar e conviver como sociedade. Em algum momento, algumas pessoas perderam esse senso quase primitivo de estar rodeado de similares. Gente precisa de gente. É fato.

E como se cercar de gente boa, muito além dos interesses de alguns relacionamentos? Aprendendo a separar o que é interesse por você e não pela sua vida, pelo que você, eventualmente, pode proporcionar em troca. A gente percebe logo de cara quando alguém quer tirar vantagem de nós de alguma maneira. Podemos permitir e jogar o jogo ou nos fecharmos. Os favores que a gente eventualmente faz devem ser sem interesse ou esperar algo em troca. Com certeza, lá na frente, seremos recompensados por isso. O bem atrai o bem. Quando a gente menos esperar, às vezes até de uma pessoa não tão próxima, a vida vai surpreender novamente. E como é bom ser surpreendido em alguns momentos! Não acredito ser questão de sorte, mas sim da "Lei do Retorno", como dizem por aí. O universo se encarrega de ajustar os ponteiros ao longo da vida.

Eu poderia dar dezenas de exemplos de pessoas e relacionamentos que construí ao longo da minha vida, mas sabe qual é o meu maior medo? Deixar alguém de fora. E teria muita gente chateada. Amigos que viraram sócios. Sócios que viraram amigos. Colegas de trabalho que viraram família. Amigos com cinco, dez, 20, 30 anos ou mais de amizade. Vou citar uma curiosidade engraçada que é exemplo de como diversão e amizade se constroem e se mantêm ao longo do tempo. Eu tenho uma torcida organizada! É verdade! A **TOC – Torcida Organizada do Caio** – é um grupo de seis amigas do tempo de escola "fundado" em 1993. Quando eu era capitão do time de futebol, treinava durante o almoço e as meninas que ficavam conversando na arquibancada passaram a torcer por mim. Assim começou a TOC, que hoje tem até carteirinha, grupo no WhatsApp e encontro anual. Parece organizado? Não, não é tudo isso. Mas o fato é que este grupo de amigas me acompanha e torce por mim em outros campos. A relação genuína da pré-adolescência é mantida até hoje.

Quando me separei pela primeira vez, foram elas que estiveram na minha casa para me apoiar e dar o carinho de que eu precisava. Quando uma delas estava procurando emprego, fui eu que ajudei a aproximá-la do seu futuro empregador na época. Sempre trocamos confidências, dicas e, mesmo com a vida mudando (a maioria também tem sua própria família, com filhos e responsabilidades diversas), não perdemos o essencial, que é a amizade incondicional. E os maridos hoje até participam de alguns encontros, enquanto filhos de idade parecida brincam juntos. Muito mais que um grupo para dar parabéns no aniversário, a gente se vê uma vez no ano, pelo menos, em grupo. E claro, com um ou outro a gente acaba se encontrando e falando com mais frequência, mas o fato é que, 30 anos depois, ter pessoas como elas em minha vida, em diferentes momentos, me ajuda demais! Além do fato de serem mulheres – há ainda quem diga que não existe amizade entre homem e mulher, mas isso deixo para discutir em outro dia...

E, se você não tem uma torcida organizada, o que você faz? Monta uma? Se você praticar esporte, talvez, mas o que quero compartilhar aqui com este exemplo é que as pessoas com as quais mais nos conectamos de forma genuína são as que mais vão nos ajudar na nossa vida. Não estamos precisando de ajuda, mas sabemos que a vida é uma montanha-russa e, quando tivermos algum tipo de contratempo, sabemos onde e em quem nos apoiar.

Mas, afinal, o que é melhor: ter poucos e bons ou muitos amigos? Eu gosto de juntar os dois. Ter muitos bons amigos. É difícil fazer uma lista dos dez melhores amigos. E quero fazer cada vez mais. Ou melhor, sigo fazendo mais.

Seja grato pelo que você tem e pelas amizades que conquistou e manteve. E não abandone jamais seus amigos. Parece um esforço, mas se dedicar aos outros pode ser recompensador. Vibrar com as vitórias de quem a gente gosta e admira tem um gostinho especial. E, se possível, faça novos amigos. Conecte-se de verdade. Sem interesse. Apenas por querer conhecer novas histórias e experiências. Aceite convites para participar de momentos especiais das vidas que lhe importam. No final, o que a gente leva daqui mesmo? Nada mais do que memórias.

Estar neste livro é um presente do mundo corporativo que conheço há relativamente pouco tempo e aqui estou eu escrevendo meu primeiro capítulo de um livro como coautor. Enquanto eu escrevia, quanta passagem boa e quanta gente me veio à mente! Quantas situações! Queria muito que você também pudesse escrever seu capítulo ou, pelo menos, algumas passagens que foram marcantes para você com quem realmente estava ao seu lado, além da sua família. Quero ver você se surpreender como tem mais gente que fez parte da sua vida e que, talvez, seja o momento de se reconectar com elas.

Sim, ainda dá tempo! Ainda temos muita coisa para viver além das memórias do passado e das telas. É hora de criar novas memórias e histórias.

Não posso falar sobre relacionamento sem falar sobre a minha família também. Sei que nem todo mundo tem uma estrutura familiar e uma rede de apoio e que pessoas do mesmo sangue nem sempre se dão bem. E, para mim, confesso que isso soa muito estranho. Graças a Deus, eu tive a melhor família do mundo ao meu lado, sempre me apoiando e me incentivando a cada passo. Tudo bem que eles não queriam que eu fosse publicitário, preferiam Administração de Empresas, mas minha teimosia e minha carreira mostraram que tomei a decisão certa lá atrás. Meus pais sempre fizeram o impossível por mim – até hoje fazem e sempre farão. Sou pai e hoje entendo este sentimento e compartilho dele. Meu irmão, quatro anos mais velho, sempre foi meu herói, meu defensor e meu exemplo de muita coisa – do que fazer e do que não fazer. Às vezes, é difícil a gente expressar amor pela nossa própria família, mas lembre-se de que ela é única e tem que ser valorizada, amada e vivida. Vocês, que ainda têm pais e até avôs vivos, aproveitem ao máximo! E aprendam com eles. Sempre. É claro que eu também tenho minhas faíscas em família de vez em quando, mas sempre reflito depois, tentando entender determinada frase ou situação. No final, eles querem nosso bem.

Um aprendizado que tive na vida e compartilho sempre que possível foi o que minha mãe me disse uma vez: "Você não deve ficar mal para outra pessoa ficar bem, mesmo que seja sua própria mãe". Forte, né? E confesso que desde quando ela me falou isso em determinada situação, em 2004 (sim, me lembro o ano e avisei vocês que minha memória era boa), eu passei a viver melhor e sem qualquer peso na consciência. E quero que você reflita sobre isso também. Quantas vezes você fez algo para agradar o outro? É claro que há concessões e momentos, mas, se você ficou se sentindo mal, valeu a pena? Você se arrependeu? Faria de novo? Pois é, já sabemos as respostas. Sim, o mundo é feito de conexões e pessoas, mas com limite e discernimento. Não se obrigue a fazer coisas com que você não concorda, seja por valores, gosto ou paciência mesmo.

Apesar de estranho e anormal, falar "não" para as pessoas em determinados momentos faz parte e deve acontecer para você ficar de bem com você mesmo. Isso não é egoísmo nem individualismo – é saber impor limites e priorizar seus sentimentos. Tenho certeza que você já fez alguma coisa para alguém e ficou desapontado porque, quando foi a vez da reciprocidade, ela não ocorreu. Parece um mágico entrando em seu cérebro com perguntas e respostas prontas, mas isso é vivência e experiência. Também já "quebrei a cara" algumas vezes, mas aprendi, lá em 2004, a viver melhor e em paz comigo mesmo sem perder minhas conexões nem minha alegria ou paciência.

Conexões geram conexões. Não tenho dúvida alguma desta frase e do seu poder. A pergunta é: qual tipo de conexão você está fazendo? Com quem? Com qual frequência? Lembre-se que não tem fórmula mágica nem receita de bolo. A gente arruma tempo para ver série e para rodar pelas redes sociais, mas será que estamos conseguindo equilibrar isso com a vida real, feita de pessoas reais? Na internet, ninguém posta problema. A vida de todo mundo é comida, viagem e alegria. Será que você sabe mesmo como está a vida dos seus amigos? Será que seus colegas de trabalho precisam de um apoio? Muitas vezes, apenas uma conversa ajuda muito. E você, está tudo bem aí sempre? Nenhuma pedra no seu caminho? Não seria legal ouvir uma palavra diferente ou mesmo receber um carinho? Para mim, atenção, um abraço e uma palavra amiga nunca são demais. Muito mais forte que um *like* na rede social.

As competências técnicas são sempre importantes, mas os

relacionamentos, as experiências e a parceria são os motivos pelos quais a gente toma a decisão de quem queremos por perto. Parece óbvio? Sim, mas você já tinha pensado nisso? Já tinha feito uma lista mental de com quantas pessoas você, de fato, pode contar? O caminho pode até ser incerto, mas quem está ao seu lado é o que fará você ir com segurança e adiante. Esta lista de pessoas talvez não seja tão grande assim, aliás, ela vai diminuindo com o passar do tempo para a maioria das pessoas.

Então, o que fazer para cultivar bons e duradouros relacionamentos?

O *networking* abre portas que jamais pensávamos que poderíamos abrir. Vejo muita gente falando sobre este tema, mas pouca gente fazendo isso bem. A maioria das pessoas lembra da sua rede nos momentos difíceis, como quando busca um novo emprego ou precisa de um favor ou informação. É claro que dentro desta lista pequena de pessoas que acabou de mentalizar você pode recorrer a todas elas para ajudar sempre e em qualquer situação, mas pensa de novo. Esta rede é pequena se pensarmos nos inúmeros desafios que a vida nos impõe. E procurar alguém só em momentos que nos interessam não cai bem e, provavelmente, vai fazer com que você não consiga o resultado desejado.

E não adianta ficar frustrado ou esperar um resultado diferente.

Uma coisa que ensino aos meus filhos é que devemos tratar todo mundo bem, não importa o momento, a idade ou o cargo. Educação e um sorriso no rosto comunicam e marcam as pessoas. Parece óbvio, mas não é. Parece o mínimo, mas muita gente não faz nem isso.

Mais do que qual legado você quer deixar, com quem você quer compartilhar os melhores momentos da sua vida? Sejam pessoais ou profissionais, o mais importante é quem está ao seu lado na hora que importa.

Pense nisso. Faça isso. No final, de verdade, não importa onde, importa com quem.

Transformando desafios
em conexões poderosas

Carolina Mayhé Nunes Saffer

Executiva de RH, mentora de líderes e de desenvolvimento de carreira com mais de dez anos de experiência em formação de equipes e gestão de talentos. Formada em Relações Públicas, com MBA em Marketing e pós-graduação em Psicologia Positiva, atua no processo de transformação de pessoas que desejam se tornar estratégicas, eficazes e humanas em suas trajetórias de carreira. Iniciou sua trajetória como headhunter e, com paixão pelo desenvolvimento humano, cresceu até posições de liderança estratégica, passando por empresas como Michael Page, Fesa, GuiaBolso, Evino, Intelipost e Meta. Gaúcha, esposa, mãe, profissional e mentora dedicada, valoriza a transparência, a empatia e a coragem como pilares para transformar ambientes de trabalho e inspirar profissionais a atingirem o sucesso e a felicidade.

LINKEDIN

Enfrentando o desconhecido

Eu tinha 26 anos e morava em Porto Alegre quando, depois de passar por um processo de *coaching*, tomei a decisão de fazer uma transição de carreira. Eu já era formada em Relações Públicas e tinha acabado de concluir meu MBA em Marketing, mas não me via mais trabalhando com atendimento ao cliente, pesquisa de mercado ou vendas.

Exatamente um mês depois de sair de uma multinacional em que atuava na área comercial, cheguei a São Paulo desempregada, sem conhecer ninguém, com duas malas e um apartamento alugado com uma – até então – desconhecida. Não demorou muito para que meus amigos do Sul começassem a me apresentar pessoas que depois se tornaram conexões e parcerias valiosas na minha jornada.

Nos anos em que morei na terra da garoa, atuei em empresas de diversos segmentos e estruturas, como Michael Page, Grupo Fesa, GuiaBolso, Evino e Intelipost, lugar onde me tornei a executiva responsável por liderar a área de pessoas em duas

M&As, processos de *fundraising*, *due diligences*, além dos programas de mentorias e de desenvolvimento de liderança e todos os outros projetos que envolvem a manutenção da cultura.

Nos altos e baixos da minha carreira corporativa, eu tive muita sorte de encontrar pessoas que, apesar dos meus tropeços, me desafiaram a ser melhor, acreditaram no meu potencial e me conduziram nessa caminhada. Parte da profissional que sou hoje eu devo a quem lá no começo não desistiu de mim nos meus momentos de insegurança e me deu *feedbacks* difíceis com delicadeza.

Apesar de ser uma mulher jovem, cheia de sonhos e aspirações, por algum tempo eu fui extremamente insegura e um tanto despreparada para muitas oportunidades que surgiram no meu caminho. Tive que enfrentar minha própria fragilidade e ser muito resiliente para chegar aonde cheguei.

Hoje eu teria muitos conselhos para dar àquela mulher que eu fui no começo da minha carreira. Por isso, me sinto confortável em compartilhar essas experiências com você.

Quando me fizeram o convite para participar como coautora deste livro, aceitei no mesmo instante, porque vivi na prática o poder transformador das relações e penso que realmente não importa onde, importa com quem. Ao relembrar as inúmeras decisões que precisei tomar, tanto na minha vida pessoal quanto profissional, percebo que elas foram incentivadas pelas pessoas que estavam ao meu lado, provando que é com "quem" que realmente faz a diferença e não tanto o lugar ou a circunstância.

Até hoje minhas escolhas não têm como base somente pessoas com quem tenha tido boas conversas ou que tenham uma linha de pensamento parecida com a minha. Dado que sou uma pessoa que precisa estar sempre aprendendo, muitas vezes minhas decisões são orientadas pela ideia de que eu preciso estar perto de pessoas que me desafiam, tenham habilidades que eu não tenha (mas deseje aprender) e que estejam dispostas a me impulsionarem nesse processo de crescimento.

Eu acredito que é extremamente valioso me conectar com pessoas que possuem ideias diferentes das minhas, não só para me ajudarem a pensar fora da caixa, sair daquilo que é o meu "padrão" de pensamento, mas porque me provocam a fugir dos vieses inconscientes que por vezes dificultam o processo de criar conexão. Além disso, como em muitos momentos da minha carreira me deparei com situações complexas em que precisei lidar com pessoas com cultura, pensamentos e experiências completamente diferentes das minhas, estar aberta ao diálogo já me deixou mais preparada.

Dentro dos valores culturais, preciso sentir a presença da transparência, da empatia e da vulnerabilidade, comportamentos que, na minha opinião, estão correlacionados e são a base que permite que a gente se conecte verdadeiramente com quem quer que seja e que também considero um dos maiores desafios quando se está em uma posição de liderança. Não acredito que há espaço para falar sobre desenvolvimento pessoal e profissional se não for possível criar um ambiente seguro para conhecer de forma genuína a história de cada um, quais são seus valores, no que acreditam, como se sentem valorizados e reconhecidos, seus desejos de carreira e também anseios pessoais.

Liderança humanizada: transparência e vulnerabilidade

Desde que ocupei a minha primeira posição de liderança procurei me manter fiel à ideia de que, dentro do possível – obviamente respeitando as questões sigilosas de cada empresa e da responsabilidade em agir com a confidencialidade que meu papel exige –, eu seria sempre o mais honesta e transparente possível com meu time. Manter todos informados sobre os movimentos da empresa, minha percepção sobre as coisas e também sobre as expectativas em relação a cada papel e entrega, na minha visão, ajuda a criar um senso de pertencimento, coloca todos em direção ao mesmo objetivo e reforça a ideia de que estamos todos juntos, mesmo que as responsabilidades sejam distintas.

Mesmo que não se perceba, todas as relações têm como início um ponto de conexão em comum. Se não formos transparentes para falar e não estivermos abertos para ouvir, passamos a dificultar o encontro desse elo. Oferecer um ambiente seguro nos ajuda a aumentar o fator da confiança, que é responsável por unir as pessoas, nos tornar mais fortes como grupo e empresa, além de afastar atitudes que possam prejudicar a cultura da organização.

Outra característica que considero manifestada no meu estilo de liderança é a presença da vulnerabilidade. Isso é uma das coisas que a maternidade aflorou em mim e por coincidência tem sido pauta frequente nas sessões em que atuo como mentora.

Ainda que nas redes sociais todo mundo pareça sempre feliz e cheio de razão, a gente sabe que a verdade é que grande parte desses momentos são pequenos recortes da vida e que está tudo bem não estar bem.

Não tenho pretensão de estar sempre certa e tampouco vejo problema em me mostrar frágil, em reconhecer quando não tenho uma resposta ou quando preciso de ajuda. Acredito que admitir minhas próprias limitações – e as inseguranças que algumas vezes decorrem delas – ajuda a humanizar a liderança e faz com que as pessoas do time se sintam próximas, acolhidas e compreendidas.

Por isso, considero que a sinceridade, a vulnerabilidade e a empatia são pilares fundamentais para qualquer liderança que deseja construir conexões genuínas. Reconhecer nossas próprias limitações e fraquezas não nos torna menos capazes, pelo contrário, faz com que a gente se aproxime das pessoas e permite que, juntos, se supere desafios maiores. Criar um ambiente onde todas as pessoas se sintam ouvidas e valorizadas é o que, na minha opinião, fortalece a cultura organizacional e promove o sucesso de qualquer equipe.

Conectando pessoas: a importância das relações no trabalho

Ao longo dos últimos anos, muitos líderes que têm procurado a minha mentoria para se desenvolverem no papel de liderança relatam ter dificuldade de criar conexão com suas equipes e, consequentemente, de dar *feedbacks* honestos e difíceis. Sempre penso quão desafiadora e complexa tornamos nossa liderança ao tentar guiar e orientar a carreira dos nossos liderados sem sabermos o que as pessoas de fato valorizam e esperam da gente.

Lembro de um estagiário que me procurou numa segunda-feira para dizer que se sentia extremamente chateado porque o seu líder não havia o parabenizado pelo seu aniversário que ocorreu no sábado. "Carol, ele não me mandou nenhuma mensagem", disse, ao reforçar que, apesar de o trabalho dele ser reconhecido pelo CEO e constantemente elogiado sobre as suas entregas, se sentir valorizado como pessoa e querido era mais importante para ele do que os méritos de ter entregado boas análises e planos de negócios robustos.

Um CEO com quem trabalhei contou, inclusive com certa mágoa, que no passado foi surpreendido pelo pedido de desligamento de uma colaboradora por quem tinha grande admiração e com quem, na sua visão, nutria uma ótima relação. Ao chamá-la para conversar e entender seus motivos, ouviu: "Estou pedindo demissão, pois não gosto de trabalhar com você. Acho você insuportável".

Outro caso que nunca esqueci foi de um diretor que me chamou para um café dizendo que um colaborador da sua equipe estava desmotivado e, por ele ser importante para garantir as entregas do trimestre, desejava dar um aumento salarial fora do ciclo de performance na tentativa de retomar o engajamento. "O que ele precisa a gente não consegue comprar com dinheiro", respondi. Para alguém cujo pai estava enfrentando um câncer, o maior desejo era conseguir diminuir os acionamentos fora do horário de trabalho para poder ficar perto da família naquele momento.

Se você parar para pensar por alguns instantes, certamente se lembrará de casos que vivenciou e que uma simples conversa honesta teria sido capaz de evitar ruídos ou desgastes. Ao relembrar as pessoas com quem trabalhou, tenho certeza que você recordará com mais facilidade e apreço aquelas que conseguiam conciliar seus difíceis papéis corporativos com atitudes humanizadas, baseadas em empatia, cuidado e respeito.

Para começar esse processo de aproximação, eu gosto de utilizar nas minhas conversas o conceito adaptado para o contexto corporativo de *As cinco linguagens do amor*, do autor Gary Chapman, sobre as formas diferentes nas quais as pessoas se sentem apreciadas e valorizadas no ambiente de trabalho.

Cinco linguagens e a valorização no ambiente corporativo

Como acredito que conhecer essas linguagens pode ajudar a melhorar a interação entre as pessoas e consequentemente aumentar a satisfação no trabalho, aproveito o espaço para compartilhar com você algumas dicas do que envolve cada uma delas:

- Palavras de Afirmação: As pessoas que valorizam essa linguagem se sentem motivadas quando recebem comentários positivos e sinceros sobre seu comportamento e entregas, então você pode fazer reconhecimentos e elogios verbais (públicos ou privados), dar *feedback* positivo e enviar mensagens de encorajamento.

- Tempo de Qualidade: As pessoas que valorizam essa linguagem se sentem motivadas quando você demonstra que o tempo delas é respeitado e vale a pena; então nos momentos de interação individual ou coletivo você pode oferecer atenção plena, dedicação exclusiva e livre de distrações.

- Atos de Serviço: As pessoas que valorizam essa linguagem acreditam que as ações falam mais alto que palavras e por isso as ações são altamente valorizadas, então você pode oferecer ajuda de forma prática, algo que facilite a vida do outro.

- Presentes: As pessoas que valorizam essa linguagem se sentem motivadas quando são lembradas e queridas, então você pode realizar pequenos gestos de apreciação como pegar um café, comprar o doce favorito de um colega ou qualquer outro gesto que mostre que você pensou na pessoa.

- Toque Físico: As pessoas que valorizam essa linguagem acreditam que o contato físico não é apenas uma demonstração de amor, mas uma necessidade emocional. Por estarmos falando de um ambiente corporativo, alguns gestos sutis podem ser apropriados, como um aperto de mão, um toque no ombro de encorajamento ou um "high-five".

Além disso, dentre as metodologias que utilizo no dia a dia com a minha equipe e também nos processos de mentoria, algumas simples perguntas acredito serem fundamentais para ajudar a dar abertura para esse processo de criação de conexão:

- Quais são seus principais objetivos profissionais para o próximo ano?

- O que você mais gosta na sua rotina de trabalho e por quê?

- Quais desafios você enfrenta no dia a dia e como lida com eles?

- Como você prefere receber *feedback*?

- Como você sente que é valorizado e reconhecido pelas suas entregas?
- O que motiva você a dar o seu melhor no trabalho?
- Qual foi o momento mais marcante ou de maior orgulho na sua carreira?
- Quais habilidades ou conhecimentos você gostaria de desenvolver mais?
- O que você espera da minha liderança e como posso ajudar você a alcançar seus objetivos?

Na minha opinião, essas perguntas são essenciais para a construção de uma relação de liderança autêntica e eficaz. Quando se abre espaço para questionar os objetivos profissionais, preferências de *feedback* e momentos de orgulho, demonstramos interesse genuíno pelo desenvolvimento individual, criando um ambiente de confiança e abertura. Essas ações não apenas fortalecem a conexão entre líder e liderado, mas permitem que a gente ofereça suporte direcionado, reconheça de forma personalizada as contribuições e ajude no crescimento contínuo da equipe, de forma humana, empática e transformadora.

Como provavelmente alguns de vocês, minha trajetória profissional não foi marcada somente por líderes e colegas inspiradores ou por quem tive profunda admiração. Ao longo dos meus mais de 15 anos de experiência, consigo contar aqueles que de fato conseguiram promover ambientes que permitiram que as pessoas realizassem aquilo que faziam de melhor, colocando em prática todo o seu potencial.

Posso inclusive dizer que alguns me ensinaram o que eu acredito não ser um modelo positivo de liderança – quase como aprender o melhor exemplo no pior exemplo. Mas para alguém que, como eu, acredita que uma das melhores coisas da vida é que ela é uma jornada de aprendizado contínuo, todas as experiências são ótimas oportunidades de aumentar o conhecimento e crescer.

A própria ação de liderar é um ciclo de desenvolvimento constante, uma evolução que nunca termina. A cada nova experiência ou a cada novo time, aprendo mais sobre como me tornar uma líder melhor.

E como o processo de crescimento pode ser extremamente doloroso (minha mãe sempre me disse "filha, crescer dói"), busco encorajar minha equipe a buscar conhecimento constante, seja através de mentorias, livros, cursos, *podcasts*, *benchmarking* ou até mesmo dedicar atenção em observar a movimentação do ambiente. Acredito que, se nos colocarmos em um papel de estarmos sempre aprendendo, nós conseguiremos não só desenvolver habilidades que nos impulsionam à excelência, mas "reduzir" o custo e a dor do aprendizado, bem como estarmos preparados para as oportunidades que surgirem.

Percebi que liderar com propósito e autenticidade é o que faz a diferença no processo de criação de um ambiente de trabalho que valoriza e incentiva o crescimento individual e coletivo. A verdadeira liderança é aquela que consegue inspirar, acolher e desafiar o time a ser o melhor que pode, sempre buscando o equilíbrio entre o que a empresa precisa e levando em consideração os desejos e necessidades de cada um.

Ao longo da minha jornada, tive experiências que comprovaram que as conexões humanas são o verdadeiro motor das transformações no ambiente de trabalho. Não importa apenas o que fazemos ou onde estamos, mas com quem compartilhamos essa jornada. São as relações que nos ajudam a crescer, a ver novas perspectivas e a ultrapassar barreiras.

Olhando a minha carreira pelo retrovisor, vejo que a minha trajetória, repleta de desafios e conquistas, não seria a mesma sem as pessoas que cruzaram meu caminho. Sinto-me grata por essas experiências e pela oportunidade de agora, como líder e mentora, impactar positivamente a vida e a carreira de tantas pessoas, tanto quanto a minha tem sido impactada ao longo dos anos. Que a gente possa, juntos, continuar essa jornada de crescimento, deixando um legado de transformação, respeito e empatia para as próximas gerações de profissionais e líderes. É nisso que eu acredito e esse é o legado que busco deixar por onde passo.

A potência da conexão humana na vida e na liderança

Catia Senssulini Alonso

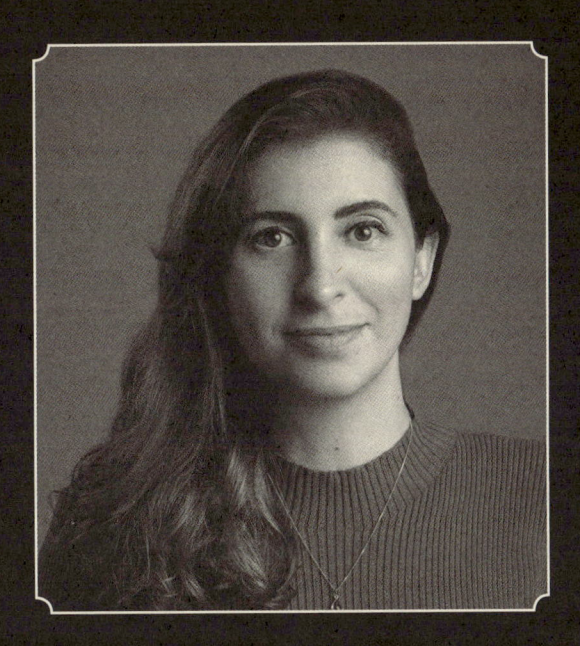

Diretora de Transformação de RH, pós-graduada em Finanças e Controladoria pelo IBMEC, bacharel em Farmácia e técnica em Administração. Atua há 16 anos no mercado de tecnologia, com passagens pelas áreas de Finanças, Recursos Humanos e Terceirização de Serviços. Atualmente, está à frente das áreas de Remuneração, Operações e Análise de Dados de Pessoas, sendo responsável pela estratégia e administração de remuneração, benefícios, folha de pagamentos e plano de transformação digital, assim como adoção de ferramentas de melhoria de eficiência e produtividade. Mãe, esposa e esportista, aficionada por astrofísica, fantasia e ficção científica, cozinha, pilota moto e arrisca no violão, vivendo uma vida pautada nas relações reais, duradouras, e na confiança.

Foto: Henrique Grandi

LINKEDIN

Desde que passei pela experiência da maternidade, minha percepção do mundo e das relações humanas foi afetada drasticamente. Tendo a fazer diversas reflexões de como buscamos, desde nosso nascimento, uma conexão e um sentimento de proteção, que nos acompanha conforme crescemos. Nesse aspecto, concordo com Aristóteles, pois entendo que somos animais sociáveis e, portanto, vivemos em comunidade. A sociedade é um fator determinante para nosso comportamento, sendo que é no coletivo que nos sentimos protegidos, amados e valorizados.

Isso para mim foi tão latente nas últimas décadas, em que vimos um crescimento de redes sociais e o "compartilhar" virou um ato que vai além do nosso ciclo social de convivência. Compartilhamos conquistas, nossas férias, nossos *pets*, nossos pratos, nosso *status* de relacionamento, quando terminamos algo. Tudo o que nos gera sentimentos como orgulho ou felicidade, ou até coisas que nos afetam de maneira negativa, se torna algo que desejamos compartilhar, e acredito que a razão por trás dessa ânsia é a busca pela aprovação ou conexão.

Gostaria de mencionar uma frase para ilustrar minha linha de raciocínio: "Felicidade somente é real quando compartilhada", de Christopher J. McCandless, que vi quando assisti ao filme *Na natureza nelvagem*. Portanto arrisco dizer que, quem está ou estiver ao nosso lado, independentemente do ambiente, trabalho, escola, esporte, *hobby* ou família, terá um papel fundamental em como entendemos e definimos nosso sucesso ou felicidade. Compartilhar desafios, conquistas ou até nossa rotina, hoje mais do que nunca, faz parte de quem somos.

Olhando para o ambiente profissional, o que experimentei nestes últimos 20 anos em que iniciei minha jornada no mercado de trabalho é que, embora uma empresa possa ter um ambiente saudável, com ferramentas, processos de suporte, regras, valores claros e propósito que se conecta às pessoas colaboradoras, incluindo, mas não limitado a desenvolvimento contínuo, remuneração justa, bons benefícios e flexibilidade; as pessoas e suas reais conexões serão um fator determinante para a manutenção e potencialização do talento e, consequentemente, o atingimento de resultados excepcionais.

Acredito ainda que no contexto corporativo o papel da liderança e sua capacidade de verdadeiramente se conectar e desenvolver relações humanas é, de fato, a principal função de um líder.

As pessoas têm a capacidade de influenciar umas às outras, seja pelo efeito do encorajamento ou pelo medo. É um fato que em crises por vezes vemos os líderes adotarem uma postura de maior controle e acompanhamento próximo para garantia de que alcancemos um estágio de "navegação em cruzeiro", mas dificilmente nesses períodos teremos o melhor de cada pessoa; sem liberdade e autonomia, raramente conseguiremos trazer nossa criatividade à tona. Quando passamos por momentos críticos (seja de conquistas ou dificuldades) temos uma tendência de aprofundarmos os laços com os que estão ao nosso redor.

Não faz muito tempo que a Michael Page, consultoria em RH, publicou um estudo que apontava um dado alarmante: oito em cada dez profissionais pedem demissão por causa de seus líderes e não por conta do lugar no qual trabalham[1]. Mas por que seria esse um fator de tamanho impacto? Justamente porque a grande diferença não é em si onde estamos e sim com quem estamos.

Falando especificamente de um *case* para ilustrarmos. Eu me mantive 15 anos em uma grande empresa multinacional do segmento de tecnologia. Lá, tive a oportunidade de desenvolver minha carreira praticamente do zero, iniciando como assistente e chegando ao cargo de gerente sênior. Quando optei por sair, obviamente o crescimento profissional era um dos fatores, mas o que mais contou para minha decisão foi a saída de quatro líderes que eu tinha como referências profissionais e pessoais. A saída, praticamente simultânea, dessas líderes (que eram todas mulheres, portanto, com elas eu me conectava bastante), fez com que eu questionasse muito o ambiente, o direcionamento da empresa e até o sentido de me manter lá, mesmo sendo um lugar excelente em termos de oportunidades.

Mas o que essas líderes faziam de tão excepcional que me mantinha engajada e motivada na empresa? O que eu já tinha experimentado de lideranças anteriores que eu identifiquei como exemplos do que eu não queria ser. Darei alguns exemplos:

Liderança por exemplo/inspiração no dia a dia:

"Faça o que mando, não o que faço".

Quantas vezes não nos deparamos com esse tipo de falácia ou pensamento, quando não necessariamente é declarado, e nos

---

[1] OITO em cada dez profissionais pedem demissão por causa do chefe; veja os motivos. G1, 22 nov. 2019. Disponível em: https://g1.globo.com/economia/concursos-e-emprego/noticia/2019/11/22/8-em-cada-10-profissionais-pedem-demissao-por-causa-do-chefe-veja-os-motivos.ghtml. Acesso em: 21 jan. 2025.

vemos fazendo coisas sem sentido? Lembro-me que em uma de minhas primeiras experiências me vi em um fechamento de quartil, quando toda a equipe ficava várias horas no escritório, reunida, para garantir que todo o trabalho fosse feito no último dia de entrada de dados para reconhecimento de renda da companhia. A primeira coisa dessa experiência que me chamou muito a atenção é que a pessoa gestora do time não nos acompanhava, todos ficavam, mas o líder ia embora. No primeiro fechamento, eu era novata, não tinha acessos nem treinamento para executar o trabalho em questão, portanto me deixaram movendo pastas de arquivos, apenas para participar do ritual. Não acho que foram boas escolhas, nem a do líder em pedir ao time a realização da cobertura do fechamento sozinhos, nem de deixar uma pessoa alocada horas em um trabalho sem nenhum valor agregado.

É importante mencionar que estamos falando de um momento de mercado e de uma época muito diferente da qual estamos agora. No fim, passei pelo fechamento com um sentimento de que havia perdido meu tempo (recurso este que para mim tem o maior valor do universo). Anos após essa experiência, quando assumi o papel de líder de uma equipe, tinha claros dois objetivos: primeiro, nunca pediria para uma pessoa simplesmente fazer horas extras, apenas "porque sim", sem um propósito claro; segundo, eu sempre participaria do fechamento com minha equipe. Se fôssemos fazer algo, faríamos em time, e eu como líder estaria ali, mesmo que como apoio moral. Seguindo essas premissas, me lembro de conseguir reduzir o número de horas extras da equipe e também aumentar o engajamento. As pessoas achavam que meu nível de empatia era muito maior, pois, além de saber, eu passava o fechamento com elas, exercitando também nossa conexão.

Hoje, eu acredito que esse exemplo de pedir para alguém fazer um trabalho "porque sim", ou gastar seu tempo sem uma proposta de valor clara, não funcionaria, ao menos não por muito tempo. Vivemos uma era em que o talento é limitado e concorrido, temos gerações que valorizam muito o porquê de fazerem algo e qual o tempo/dedicação que essa atividade exigirá. Em minha opinião, evoluímos.

As líderes que eu tinha como inspiradoras não eram diferentes: sempre participavam e lideravam pelo exemplo. Preocupavam-se em se fazerem presentes em momentos chave, seja na finalização de um projeto crítico, em uma grande entrega durante um fechamento ou durante a celebração/comemoração dos resultados, acompanhando o time e removendo os obstáculos para alcançarmos os objetivos comuns. Esse era o comportamento que mais me conectava e também que me fazia sentir parte de algo.

Falta de dedicação ao sucesso e crescimento do outro:

"Com grandes poderes vêm grandes responsabilidades".

Um dos fatores mais tóxicos, em minha visão, é o líder que se posiciona no pedestal, que se esforça para ser diferente ou, de certa forma, inalcançável e distante de seus liderados, como se a posição de líder fosse algo que lhe desse licença poética para ser um "deus". Para conseguirmos ter uma conexão verdadeira, entendo que precisamos confiar e conhecer. Quando o líder propositalmente se distancia dos seus liderados, cria um obstáculo invisível que dificulta a conexão. Como resultado, o time não necessariamente se sentirá motivado/engajado pelo líder. Começamos a ter reações de medo ou até um respeito que tem mais a ver com a posição hierárquica do que com a posição de liderança da equipe em si.

Além disso, o líder que se posiciona como "chefe" diversas vezes terá uma pauta pessoal, que não necessariamente prioriza, cuida ou serve à sua equipe. Fica claro que está nessa posição para atingir seus interesses individuais, muitas vezes lidera bem para "cima", tratando de forma diferenciada os indivíduos conforme sua posição hierárquica.

Ainda hoje é necessário falar claramente sobre qual o real objetivo de um líder, que em minha visão seria o de cuidar, desenvolver e dar suporte aos seus liderados. Quando o líder realmente entende seu papel, e fica verdadeiramente engajado com ele, entende o peso de suas ações, quão crítica é a tomada de decisão e precisa constantemente exercitar a empatia para que consiga projetar o impacto do que faz e fala para as pessoas. Não é surpresa mencionar um estudo da Gallup no qual é demonstrado que 70% das variações de engajamento estão relacionadas à liderança imediata[2]. Ou seja, quando um líder realmente abraça seu papel de cuidar das pessoas, os atingimentos e resultados extraordinários serão uma consequência. Da mesma maneira, se as pessoas não se sentem amparadas por esse líder, dificilmente terão um alto engajamento.

Um ambiente de segurança psicológica, onde podemos ser quem somos

Relações pautadas na confiança não é algo instantâneo, é uma construção. Essa etapa é imprescindível para nos conectarmos, e depende muito de como nos posicionamos.

Quanto mais consistente, refletindo nossos valores e crenças de maneira coerente e constante, melhores são as chances de estabelecermos relacionamentos reais.

Transparência, honestidade e vulnerabilidade são itens chave. Uma vez estabelecido um relacionamento de confiança, conseguimos promover um ambiente de segurança psicológica, onde as pessoas se sintam confortáveis para trazer ideias, experimentar, inovar, questionar direcionamentos ou sugerir novas

---

[2] O IMPACTO da liderança nas organizações: como bons líderes constroem melhores empresas? Great Place to Work, 20 jul. 2022. Disponível em: https://gptw.com.br/conteudo/artigos/impacto-da-lideranca-nas-organizacoes. Acesso em: 21 jan. 2025.

soluções. Em um ambiente seguro, as pessoas podem ser quem elas realmente são e, dessa maneira, conseguir trazer seu potencial máximo para o que estão fazendo.

Um estudo da Pew Research Center com mais de cinco mil profissionais nos Estados Unidos demonstrou que o nível de satisfação com as relações leva a maior satisfação com o trabalho em si[3]. A conexão social é fundamental para prevenir o estresse crônico e o esgotamento no local de trabalho.

Dentro desse contexto, tive um exemplo que me marcou muito. Um líder, que na época era um gerente sênior, enquanto eu era analista, soube que eu passava por um momento pessoal muito delicado, e eu já trabalhava há quase três anos na equipe. Esse líder fez uma intervenção e me disse que eu poderia tirar uma semana para tratar e resolver os problemas pessoais. Aquilo foi uma das maiores demonstrações de confiança, empatia e cuidado pessoal. Como contrapartida, minha performance foi bastante diferenciada e esse ato me engajou por muitos anos. Além disso, eu nunca me esqueci desse líder e, frequentemente, me inspirava em suas ações nas lideranças que eu assumi em outra equipe. Não é necessário ocultar problemas pessoais, pois o conceito de vida pessoal separada de vida profissional não existe, somos um único ser, com uma única psique e, da mesma forma que não conseguimos correr uma maratona com um fratura em nossa perna, não conseguiremos produzir de maneira excepcional se tiver algo afetando nosso psicológico. De qualquer forma, somente poderemos trazer à tona e compartilhar nossas necessidades em um ambiente onde temos segurança.

Considerações finais

Independentemente se olhamos pelo prisma profissional

---

[3]

ou pessoal, a conexão com as pessoas é algo que buscamos e que nos impacta profundamente. Os lugares pelos quais passamos podem ser diversos, mas realmente nos lembraremos das pessoas com as quais convivemos e quais relacionamentos desenvolvemos nestes lugares.

Mencionando Carl W. Buehner, político germano-americano: "Aprendi que as pessoas esquecerão o que você disse, esquecerão o que você fez, mas nunca esquecerão como você as fez sentir". Por isso eu digo que nossa passagem nos lugares é circunstancial, porém nossas conexões e como impactamos a vida das pessoas, isso sim é nosso real propósito.

Do inesperado ao inspirador: liderança e autoconhecimento em tempos de adversidade

Charline Carolino

Formada em Administração com ênfase em Gestão de Negócios, com pós-graduação em Neurociência do Comportamento. Possui formação executiva na London Business School em HR Strategy Transforming Organization e em Comitê de Pessoas, Cultura e Governança pelo IBGC (Instituto Brasileiro de Governança Corporativa), além de diversas formações com foco em desenvolvimento humano. Possui cerca de 19 anos de experiência em Recursos Humanos atuando como Business Partner, Facilities e Relações Trabalhistas em empresa multinacional da indústria química. Lidera construção e implementação de estratégia de pessoas, transformações organizacionais, gestão de mudança e gestão de crise. Também atua como mentora para mulheres em início de carreira e com aumento de complexidade vertical. Apaixonada pela jornada de autoconhecimento e desenvolvimento humano, se desafia a entregar resultados e aprendizado na sua jornada.

LINKEDIN

Eu não planejei ser líder. Não foi um movimento planejado, estruturado ou intencional. Acredito que ser líder é um convite diário ao autoconhecimento, aprendizado, adaptação e transformação. É ter maior abrangência no nível de influência para a realização de algo significativo, trazendo grandes contribuições para quem realiza e para quem é impactado. A liderança eficaz é uma jornada contínua de autodescoberta e desenvolvimento pessoal.

Aprendi a ser líder de forma empírica, contando com excelentes mentores e, de certa forma, considerando os requisitos citados por Ram Charan em seu livro *Pipeline de liderança*: habilidades necessárias que são desenvolvidas a partir do aumento da complexidade das minhas funções, do gerenciamento do meu tempo e do meu time, e dos valores profissionais, destacando a importância do que acredito ser o foco dos meus esforços.

Quando escolhi atuar em Recursos Humanos (RH), acreditava que o profissional dessa área precisa ter dedicação e paixão por uma causa ou pelo trabalho que naturalmente sirvam de inspiração para os outros, pautados por ética e integridade, construindo respeito e confiança entre os que o cercam.

Um profissional de RH e um líder, independentemente da posição que exerçam e da área em que atuem, são obviamente facilitadores, agentes contínuos de transformação e mudança de si mesmos, de indivíduos, equipes e organizações. À luz desse contexto, abracei o convite da liderança de recursos humanos e me desafio, a cada dia, a me superar nessa jornada de influência pelo exemplo.

Liderança não tem a ver com o cargo que ocupamos, mas sobre a influência positiva que exercemos ao longo das nossas relações e realizações. Neste capítulo, apresento um *case* sobre gestão de crise, destacando quais foram meus aprendizados como líder nesse desafio. O objetivo é compartilhar o plano implementado, além de destacar habilidades de liderança, mostrando como o autoconhecimento e o desenvolvimento pessoal são cruciais para enfrentar desafios organizacionais.

Meu propósito é inspirar outros profissionais a integrarem esses princípios, promovendo a reflexão de como uma situação adversa pode gerar grandes aprendizados e promover ambientes de trabalho leves e felizes.

Liderando o RH em uma gestão de crise

Com base na minha experiência em gestão de crises e em leituras de artigos sobre o tema, considero que elas passam por três grandes fases:

- **Horizonte 1**: entendimento do problema, adoção de medidas mitigatórias imediatas e criação de uma estrutura de gestão da crise para atuar na estabilização da situação;

- **Horizonte 2**: aprofundamento no entendimento das causas do problema e possíveis soluções;

- **Horizonte 3**: esforços para recuperação da reputação e gestão de disputas jurídicas que surjam.

O *case* apresentado a seguir aborda a atuação no primeiro momento de uma crise, o Horizonte 1, em um negócio de uma multinacional brasileira com cerca de 700 funcionários.

Era maio de 2019 e eu estava de férias, fora do país, quando a notícia chegou: foi instalada uma estrutura de Gestão de Crise no negócio em que eu atuava como gerente *business partner* de RH. A situação era sensível. Foi necessária a parada total de uma das plantas do negócio. Meu papel era garantir a segurança e o bem-estar dos funcionários enquanto avaliava os impactos na continuidade operacional do negócio.

A prioridade era atuar conforme previsto no Horizonte 1, buscando estabilizar e mitigar a situação de forma a minimizar os impactos para todos os *stakeholders*, incluindo os funcionários.

Mesmo antes de sair de férias, já havia o risco dessa parada operacional ocorrer, e por isso já havíamos mapeado a necessidade de rever estratégias, recalcular rotas e entender quais eram os desafios para que fossem adaptados ao cenário que se impôs.

Todo o planejamento não me fez sentir menos preocupada por não estar próxima da equipe e me ver impotente por não poder executar as ações de comunicação iniciais. Ao longo daquele ano e, especialmente hoje, vejo a importância da pausa planejada naquele momento.

Eu já atuava como líder da área havia cerca de quatro anos, com uma relação de confiança estabelecida. Antes de ser promovida a gestora dessa equipe, já fazia parte do time e me desenvolvi junto com eles. Uma relação com muita maturidade, confiança, admiração e respeito mútuo facilitou a minha ascensão e meu desenvolvimento como líder a cada novo desafio que surgia.

Fui aprendendo no exercício da função a responsabilidade de conhecer as fortalezas e necessidades de melhoria da equipe, tendo o papel de facilitar o desenvolvimento, dar *feedback* contínuo e gerar engajamento e performance.

Essa equipe sempre me apoiou incondicionalmente e, até o meu retorno ao Brasil, seguiu a estratégia que havíamos construído em conjunto. Tínhamos um lema, e ele se fez presente: "Nada é impossível para um coração cheio de vontade".

Para suportar a estratégia, elencamos direcionadores para pautar as ações voltadas para as pessoas, o nosso maior ativo. Na oportunidade, mapeamos ser imprescindível:

- Manter as relações com base no respeito e na confiança nas pessoas;
- Manter as equipes com relação de parceria e dedicação durante o cenário de crise;
- Manter um ambiente de trabalho positivo e confiante na organização;
- Direcionar nossos recursos para o melhor resultado do negócio;
- Fortalecer competências do negócio e desenvolver novas competências provenientes da gestão de crise;
- Dar oportunidade para crescimento, novos aprendizados, novos processos e melhores práticas.

A estratégia de pessoas do negócio atuou em quatro grandes pilares, sendo eles:

1. Comunicação e ambiente de trabalho

Como já estabelecido em nossa rotina, mantivemos uma comunicação transparente e constante com a equipe, assegurando que todos estivessem informados e seguros. Minha abordagem humanizada envolveu ouvir as preocupações de cada indivíduo, fornecendo suporte emocional e recursos necessários.

As prioridades do dia a dia foram alteradas, e precisávamos

manter o foco e a seriedade na implementação das novas ações, com cuidado para as pessoas que apoiávamos. A ética e o acolhimento genuíno foram pilares nessa gestão, garantindo que cada voz fosse ouvida, respeitada e valorizada.

Havia um cenário de tristeza e incerteza quanto à retomada da operação da fábrica. Revisitamos o sistema de comunicação não só do meu time, mas de todo o negócio e *stakeholders* da frente de pessoas. Envolvemos lideranças do negócio, funcionários, terceirizados, sindicato local, equipes transversais e mantivemos alinhamento contínuo com a área de comunicação interna para garantir ressonância com a estratégia organizacional.

Pensando no acolhimento e na saúde mental, além da comunicação contínua, implementamos suporte emocional com mais de 230 atendimentos, entre grupos e indivíduos, além de iniciativas de reconhecimento por meio de oportunidades de carreira ou de incentivos não financeiros, como celebrações de conquistas individuais e coletivas, reconhecimento público do conhecimento, entre outros.

Outra iniciativa que irei detalhar a seguir foi a criação de sessões de cocriação para fomentar a colaboração e o protagonismo dos funcionários nas alavancas que poderiam apoiar o resultado do negócio.

2. Reorganização de atividades e estrutura

Dada a situação, tínhamos um novo cenário operacional e um modelo temporário de negócio. Era esperado um impacto negativo no resultado, por isso precisávamos otimizar custos em diferentes frentes para apoiar o período de transição até a esperada retomada total da operação.

Reduzir o efetivo não era uma opção. Possuíamos um compromisso social e moral com os funcionários e com a sociedade. Outras formas de atuação faziam-se necessárias.

Ratificamos a operação mínima para garantir a confiabilidade dos equipamentos, a segurança do processo e a proteção ambiental. Esse mínimo representava 47% do efetivo operacional. O que fazer com a equipe restante? A solução foi a adequação da estrutura para o potencial total do negócio!

Foi direcionado um contingente de funcionários com dedicação exclusiva à gestão de crise, garantindo agilidade e rápida resposta técnica e operacional. Adicionalmente, alguns foram alocados para exercer atividades novas ou similares às que exerciam em outras plantas da organização, além da aceleração do plano de treinamento previsto para o ano.

Essa reorganização trouxe a adaptabilidade de estratégias ao redistribuir recursos e promover o desenvolvimento dos envolvidos em meio a desafios operacionais sem precedentes.

3. Treinamento e desenvolvimento

Novas competências precisavam ser desenvolvidas, trazendo resiliência, adaptabilidade, flexibilidade e produtividade como fatores-chave para o engajamento.

As ações de desenvolvimento tinham como premissa garantir o alinhamento estratégico do time, trabalhar o *mindset* de protagonismo e o novo modelo de operação que a crise impôs.

Reforçamos o ambiente contínuo de aprendizado. Definimos e capacitamos educadores internos em todas as áreas e fortalecemos o processo e o acompanhamento da certificação industrial. Capacitamos mais de 500 pessoas em confiabilidade humana, integrando aspectos físicos, mentais e emocionais no modelo de gestão.

Essa abordagem trouxe resiliência e protagonismo no desenvolvimento de competências essenciais e promoveu um crescimento contínuo na minha liderança e na equipe.

4. Produtividade e competitividade

Simulações estimavam que o resultado do negócio seria negativo; sendo assim, precisávamos ter uma visão de futuro, desafiando suposições e exercitando a criatividade.

Em busca de melhoria contínua em produtividade e competitividade, buscamos *benchmarking* e consultoria externa para recomendar práticas disruptivas para o negócio, com foco em eficiência, segurança operacional e liderança em custo.

Identificamos e implementamos práticas como a formação de *squads* para questões envolvendo multidisciplinaridade, redirecionamento de atividades, como já mencionado, e foco em sinergia e engajamento.

Realizamos *workshops* envolvendo equipes diversas, com o objetivo de desenvolver sinergias entre regiões e interfaces, dando transparência e reconhecendo os especialistas na avaliação de viabilidade das ações diretamente ligadas às pessoas.

Geramos mais de 20 ideias com potencial de implementação, que envolviam, em grande parte, a flexibilização de modelos de trabalho e a redefinição de eventos e programas corporativos para modelos de menor custo.

Treze ações foram implementadas, gerando uma economia de cerca de R$ 2,5 milhões por ano, além de uma recuperação bem-sucedida do ambiente de trabalho e um fortalecimento significativo do moral da equipe.

Os pilares pragmáticos estabelecidos viabilizaram a estratégia de pessoas do negócio, mas é importante destacar um pilar que, embora desconhecido, foi um marco na minha carreira e na minha atuação como líder: o autoconhecimento e o autocuidado.

Autoconhecimento e autocuidado

Liderar é mais do que gerenciar processos; é inspirar pessoas. A liderança eficaz e inspiradora nasce da capacidade de se conhecer profundamente, de entender e desenvolver suas próprias forças e vulnerabilidades.

Durante a gestão da crise, apesar de ter líderes inspiradores, lideranças empresariais fortes e relacionamentos leves e respeitosos, havia uma cobrança sobre a responsabilidade de que as ações minimizassem o impacto nos funcionários e na reputação da organização. Essa cobrança nunca foi imposta por ninguém, a não ser pelo meu próprio ego.

A dedicação e o comprometimento com o negócio duraram todo o ano, com jornadas de trabalho exaustivas, muitas viagens, falta de rotina e de autodisciplina, que obviamente impactaram na minha saúde e bem-estar. Minha mãe sempre diz: "Tudo em excesso é sobra". Precisamos de equilíbrio para manter nosso índice de felicidade, saúde e bem-estar em dia. Do que adianta ter uma carreira nota 10 quando o item relações familiares tem nota 7 e saúde, nota 5? O ser humano é um único indivíduo. Não existe "eu sou uma pessoa no trabalho e outra na vida pessoal".

As experiências, conhecimentos, vulnerabilidades, erros e acertos na minha vida pessoal impactam meus comportamentos e tomadas de decisão no trabalho e vice-versa. Fui em busca do equilíbrio físico, da conexão comigo mesma e com a minha espiritualidade. Isso me ajudou a reduzir o estresse e a aumentar a resiliência, elementos cruciais em tempos de crise. Um aprendizado para a vida e para qualquer situação.

Por mais que haja autoconhecimento e desenvolvimento, não existe receita para liderar. De forma prática, elenco alguns macrotópicos que sempre tenho em mente:

- Conheça o negócio em que atua e os principais riscos intrínsecos a ele;
- Tenha macroplanos mitigatórios para cada risco mapeado;
- Defina sua estratégia, tenha diretrizes, adaptabilidade e criatividade para gerir as ações;
- Identifique e crie relações de confiança com parceiros e aliados internos e externos;
- Construa uma liderança humanizada, colocando as pessoas no centro da gestão e valorizando suas necessidades, emoções e desenvolvimento pessoal;
- Cuide de você! Todos conhecem aquela orientação básica: "Primeiro, coloque a máscara de oxigênio em você para se salvar, e só assim poderá ajudar o outro".

Considero que as ações práticas foram efetivas e mitigaram os impactos da crise, mas, para mim, o maior sucesso que essa gestão de crise me proporcionou foi a evolução das minhas habilidades de liderança, a minha relação com o trabalho, com a minha equipe, com as interfaces e a priorização do meu bem-estar.

Hoje, para quem não esperava ser líder e está em um estágio de liderança acima do que atuava, escutar de uma liderada "Me inspira a forma como você foca o seu desenvolvimento e sempre traz uma escuta acolhedora, diferenciada e humana, por mais crítico que o problema pareça ser" demonstra a minha consistência no aprendizado e me faz lembrar uma fala em um dos episódios do *podcast Unlocking Us,* da Brené Brown, gravado com Esther Perel, na qual ela cita que **"atenção é uma forma de amor subvalorizada"**.

Estar com energia física, mental e espiritual elevadas para ter essa atenção genuína, observar as mudanças da sociedade, da organização e dos indivíduos me ajudam a ter discernimento e reagir às necessidades do cotidiano de forma leve, assertiva e aberta para os que buscam a minha liderança. **É um exercício diário de disciplina e autocuidado.**

Este capítulo ilustra que o verdadeiro poder da liderança está em nossa capacidade de nos conectar conosco mesmos e com os outros. **Ser uma líder inspiradora exige equilíbrio entre vida pessoal e profissional, uma compreensão profunda de nossas capacidades e a coragem de desafiar o *status quo*.**

Lideramos outros seres humanos, e nossa responsabilidade é facilitar a trajetória deles e gerar oportunidades de aprendizado, leveza e bem-estar no ambiente de trabalho, por mais adversa que seja a situação. Com uma comunicação clara e empática, podemos transformar crises em oportunidades de crescimento. A diversidade e a inclusão não são apenas valores éticos, mas estratégias eficazes para inovação e resolução de problemas.

A liderança verdadeira começa com o autoconhecimento e se expande através da conexão e da atenção genuína ao outro. Não importa onde você está ou qual cargo você exerce; importa com quem está e como você os inspira a se desenvolverem no sentido mais amplo da palavra.

Espero que este *case* seja uma inspiração e uma reflexão sobre como você pode integrar práticas de autoconhecimento e liderança humanizada em sua trajetória profissional. **Desafie-se a ser a diferença positiva em sua organização e, mais ainda, nas vidas das pessoas que passarem pela sua trajetória.** Promover um ambiente de trabalho onde cada indivíduo se sinta valorizado e capaz de alcançar seu pleno potencial será consequência disso.

Com quem importa: parcerias que moldam pessoas, pessoas que moldam o mundo

Elinee N. Ferreira

Diretora, inspiradora e estrategista de RH. Liderou com inovação em RH nas corporações Yaman, Kyndryl, IBM, Varian, TATA e Mettler Toledo. Impulsiona estratégias inclusivas e de alto desempenho. Ativa em diversidade, lidera projetos no Grupo Brasil Digital e HubMulher, promovendo inclusão e impacto social. Founder LovalipeRH e cofounder da InnovaSoul, empresas de gestão de pessoas, onde tem a oportunidade de, junto com IA, traçar parcerias com clientes para maximizar seus resultados de negócio através de pessoas. Idiomas: Inglês, Espanhol (fluente), Português (nativo). Fora do escritório, sua paixão pela culinária fortalece comunidades, alimentando os necessitados. Atualmente é dona de uma rotisserie no bairro Jardim São Paulo, que fica na zona norte da capital paulista.

LINKEDIN

Quem você pensa que é?

Este vídeo do Nelson Freitas me fez refletir sobre minha história e sobre a importância dos meus amigos e companheiros de jornada na minha vida. Sou mãe, mulher, esposa, filha, com 50+, diretora de RH, fundadora da LovalipeRH e cofounder da InnovaSoul, diretora voluntária da *squad* de RH Estratégico da AAPSA, voluntária do grupo de conteúdo do LIFE da ABRH, e uma das sócias-proprietárias da Rotisserie Jardim São Paulo. Estes são alguns dos papéis que me permitiram ser protagonista da minha própria vida. Mas sem pessoas ela não teria propósito; não chamaria de vida.

A importância das relações na vida pessoal

Desde cedo, sempre acreditei nas pessoas e que as relações são o pulso da vida. Tenho diversas histórias pessoais para compartilhar que provam isso, mas uma em especial me marcou muito. No dia 27 de abril de 2016, meu pai, que estava com câncer havia três anos, faleceu em casa. Lembro-me de acordar e, ao chegar ao quarto dele, ele já estava sem vida, vítima de um ataque fulminante do coração.

Naquele momento de dor e choque, minha primeira reação foi ligar para quatro amigos: minha melhor amiga de infância e hoje madrinha do meu filho, Liliane; meu melhor amigo de adolescência, Marcelo, que é casado com uma das minhas melhores amigas de faculdade de Psicologia, Patricia, e que hoje é meu sócio na rotisserie; e outra melhor amiga que conheci quando fiz a primeira faculdade, de Análise de Sistemas, aos 18 anos, Andrea. Em 30 minutos, todos estavam lá. Como em uma sincronia cósmica, cada um tomou para si uma responsabilidade: a madrinha do meu filho o pegou e o levou para a casa dela; minhas duas outras amigas cuidaram da minha mãe; e meu amigo, junto comigo e meu marido, fomos resolver a papelada.

O médico que chegou atestou o óbito sem precisar levar meu pai para o IML, e os policiais liberaram o corpo. Com isso, o enterramos no mesmo dia do falecimento, cumprindo assim seu último desejo, pois ele odiava velório e eu herdei essa aversão, ele não queria ficar horas sendo velado. Isso não seria possível sem meus amigos, e sem a parceria do médico e dos policiais.

Essa história pessoal demonstra a força das parcerias em momentos cruciais da vida. As conexões que formamos ao longo da vida são fundamentais para nosso bem-estar e sucesso, tanto pessoal quanto profissional. Ao valorizar e nutrir essas relações, estamos construindo uma vida rica em propósito e significado, moldando não apenas nossas trajetórias, mas também o mundo ao nosso redor.

Uma pesquisa do Harvard Study of Adult Development, um dos estudos mais longos sobre a vida adulta, revelou que boas relações são um dos fatores mais importantes para uma vida longa e saudável. Ter uma rede de apoio social está associada a menores taxas de depressão e ansiedade, promovendo sentimentos de pertencimento e autoestima. Naquele momento, em que o chão se abriu para mim, a minha rede de amigos me apoiou.

Mas essa verdade não se aplica somente ao mundo pessoal, no qual geralmente é fácil se relacionar com pessoas e ser você mesmo; isso ocorre também no mundo corporativo, onde as parcerias são fundamentais para o sucesso e crescimento profissional. Não adianta ser supercompetente se não tiver pessoas que desejam trabalhar com você.

A importância das relações na vida profissional

Como líder de RH, tive diversas oportunidades de observar isso. Me lembro quando assumi a área de RH de uma empresa cuja *head* estava de férias e, em seu retorno, já estava pré-anunciado entre os diretores que ela seria desligada. Para aumentar o desafio, eu tinha que mostrar resultados em um curto espaço de tempo, principalmente na área de *talent acquisition*, que era uma das mais importantes para a estratégia da empresa e que estava com a moral devastada. O foco, então, era trazer o time para o meu lado e fazer os ajustes necessários no processo.

Vou usar aqui uma tese escrita pelo meu amigo Alberto Ferreira, que fala sobre o método BEP, uma metodologia que ele criou sobre liderança. Esta metodologia se baseia na credibilidade como fundamento da liderança no estilo, saber usar o estilo de liderança necessário no momento e não o seu estilo habitual, e nos compromissos diários de um líder. Com isso em mente, comecei o trabalho com o time. Para ter credibilidade, fui o mais genuína possível, sendo honesta com eles sobre o que estava acontecendo e porque eu estava ali. Mostrei minha competência na área de RH para liderá-los e, junto com eles, construímos uma missão para o RH como um todo, com apoio nos valores da empresa. Nosso lema passou a ser "*People First*".

Com reuniões quinzenais, fui me aproximando deles e, com um estilo de liderança afiliativo, fui deixando-os mais próximos e seguros para me mostrar onde tínhamos falhas e acertos. Com a base feita, começamos a criar um plano de ação, mais uma vez juntos, com dados para demonstrar crescimento, e comunicamos o plano a todos da empresa. Para dar certo, precisávamos que todos os líderes de posição estivessem envolvidos. Começamos a mapear tempo de abertura de vaga, de aprovação, e, o mais importante, sabíamos que, como se tratava de uma mudança, teríamos que ser duros e disciplinados com os processos. E assim o fizemos. Não foi fácil, mas em dois meses saímos de uma área sem credibilidade na empresa para uma reconhecida e com resultados positivos. Começamos a fechar as vagas em tempo recorde e deixamos de ser um problema para nos tornarmos a solução. Nada disso seria possível sem a colaboração, a credibilidade e a competência das pessoas envolvidas. Mesmo eu tendo a metodologia e sabendo o que precisava ser feito, sem a vontade e a participação deles não teríamos conseguido.

Construindo e mantendo parcerias significativas

Construir parcerias significativas requer tempo, esforço e dedicação. Uma das estratégias mais eficazes para desenvolver essas relações é a comunicação clara e aberta. Manter um diálogo constante e transparente ajuda a evitar mal-entendidos e a fortalecer a confiança mútua. Além disso, é importante ser proativo na busca de oportunidades para colaborar e apoiar os outros. Estudos mostram que interações sociais estimulam o cérebro e contribuem para a saúde cognitiva. Conversas e atividades em grupo podem melhorar a memória e outras funções cognitivas, fortalecendo as parcerias ao longo do tempo.

Empatia é outra qualidade essencial para manter parcerias

duradouras. Colocar-se no lugar do outro e compreender suas necessidades e perspectivas facilita a construção de relações mais profundas e autênticas. No ambiente de trabalho, isso pode se traduzir em um maior engajamento e satisfação dos funcionários, além de um aumento na produtividade e na qualidade do trabalho. Manter essas parcerias ao longo do tempo também exige um compromisso contínuo. Celebrar as conquistas e reconhecer os esforços dos outros ajuda a fortalecer os laços e a motivar as pessoas a continuar colaborando. Além disso, estar disposto a oferecer apoio em momentos de dificuldade é crucial para construir relações de confiança e respeito.

Tenho vários exemplos práticos disso. Me lembro de uma vez, logo no início de carreira, quando teríamos a visita de uma vice-presidente americana. Eu precisava demonstrar o trabalho que estávamos fazendo e meu inglês não era muito bom. Um colega de trabalho que nem era da área de RH, muito bom em inglês, se propôs a me ajudar. Eu decorei o que tinha que dizer com a ajuda dele e treinei todas as pronúncias. No dia da apresentação, eu estava muito nervosa, claro, e precisava falar que tínhamos atingido um determinado número por conta de sessões de treinamento em grupo. A frase era *"We had 16 sessions with employees"* e, em vez disso, eu disse *"We had sexy sessions with employees"*. Foi uma comoção; a gringa pediu para eu repetir e eu repetia errado. Uma das diretoras que estava na sala foi calmamente até mim e disse: "Você fez sessão de sexo com os funcionários?" Eu disse não, e ela explicou: "Mas é o que você está falando". Aí corrigi, pedi desculpas e todos na sala riram. Essa história é lembrada até hoje. Aqui, além da colaboração de todos, a forma como a diretora foi até mim me ajudou a me sentir segura.

Em outra ocasião, tínhamos como desafio montar um evento de liderança para mais de mil líderes, com uma verba baixa. Montamos *squads* de trabalho e fizemos acontecer um dos melhores eventos de liderança, sempre lembrado. Melhor ainda, depois do evento, os laços que ficaram entre todos que trabalharam foram fortalecidos. Até hoje, mesmo não trabalhando mais na mesma empresa, nos encontramos pelo menos uma vez por mês, almoçamos, conversamos e confraternizamos.

Parcerias que moldam o mundo

As parcerias que formamos têm o poder de moldar o mundo ao nosso redor. Através de conexões significativas, podemos influenciar positivamente nossas comunidades e criar um impacto duradouro.

Em uma ocasião, fizemos uma ação social que gostaria de relatar, pois ela, além de impactar os nossos colaboradores, também impactou seus familiares. Por uma empatia com pessoas de classe menos favorecida, um CEO com quem trabalhei resolveu lançar uma competição interna para arrecadar fundos para uma ONG chamada Rugby para Todos. Esta instituição foi fundada por Maurício Draghi e Fabrício Kobashi em 2004, com o objetivo inicial de ensinar *rugby* a crianças e adolescentes em Paraisópolis, uma das maiores favelas de São Paulo. O projeto começou com um encontro no campo de futebol local, onde Draghi e Kobashi distribuíram convites para o primeiro treino de *rugby*, atraindo mais de cem crianças já na primeira sessão.

Com o tempo, o projeto evoluiu para algo muito além do ensino do esporte. A necessidade de responder a questões mais imediatas, como alimentação e saúde mental dos participantes, levou à inclusão de serviços de nutrição e Psicologia. Isso refletiu uma mudança de foco, na qual o *rugby* se tornou apenas uma parte de uma abordagem mais ampla de desenvolvimento pessoal e social.

Em 2009, a expansão das atividades e a necessidade de uma estrutura organizacional mais robusta levaram à criação do Instituto Rugby para Todos. Este começou a gerir não só a prática do *rugby*, mas também a educação e as carreiras dos participantes. O esporte serviu como uma ferramenta para preparar os jovens para a vida, abrindo portas para oportunidades educacionais e profissionais que antes eram inacessíveis.

O projeto ganhou reconhecimento por usar o esporte como uma ferramenta eficaz de inclusão social e educação. Através dos anos, ajudou milhares de jovens, com muitos alcançando sucesso tanto dentro quanto fora do campo de *rugby*, incluindo alguns que se tornaram atletas olímpicos (Jogos Olímpicos de Paris 2024).

Iniciamos o projeto formando times e distribuímos os colaboradores neles. Os diretores eram os capitães e deveriam arrecadar o máximo de dinheiro possível. Nosso intuito era distribuir presentes no Dia das Crianças e fazer uma festa para elas. Assim o fizemos, o que gerou uma competição positiva. Todas as semanas comunicávamos quem estava na frente. Resolvemos expandir esta causa aos familiares e aos clientes, então, ao final de uma reunião com o cliente, sempre falávamos sobre o projeto e arrecadávamos mais dinheiro.

No final, conseguimos mais do que o dinheiro para fazer a festa e a distribuição de presentes; conseguimos fazer com que a causa do projeto fosse conhecida por mais pessoas, proporcionando a eles um ecossistema de ajuda maior. Além disso, doamos dez computadores para que os alunos pudessem se profissionalizar através de cursos de tecnologia, o que sabemos ser um desafio para a área de Talentos.

Ao refletir sobre nosso projeto "Rugby para Todos", fica evidente que o sucesso não reside apenas no alcance dos objetivos imediatos, mas também na capacidade de inspirar e fomentar uma cultura de colaboração e apoio mútuo. Através desta iniciativa, reafirmamos que "não importa para onde vamos, e sim com quem", destacando a importância de construir relações sólidas e trabalhar coletivamente em prol de um futuro mais promissor para todos.

Outro exemplo de impacto social que vivi foi sendo voluntária do LIFE da ABRH, é um evento anual organizado pela Associação Brasileira de Recursos Humanos de São Paulo (ABRH-SP) focado na liderança feminina, denominado oficialmente como Congresso LIFE – Liderança Feminina em Movimento. Criado em 2016, o evento aborda temas cruciais relacionados a desafios globais como equidade de gênero, representatividade, barreiras estruturais no trabalho, e o equilíbrio entre vida pessoal e profissional. O evento serve como uma plataforma para discussões profundas e *networking*, trazendo à tona a força transformadora do feminino na sociedade.

A cada edição, o LIFE reúne especialistas e profissionais de Recursos Humanos de renomadas corporações para discutir e compartilhar experiências sobre o impacto da liderança feminina nas organizações e na sociedade em geral. As discussões e palestras exploram como as mulheres estão moldando o futuro das empresas e das comunidades, destacando a importância da inclusão e do desenvolvimento de talentos femininos em todos os níveis corporativos.

Fui convidada em 2022 a fazer parte do grupo de conteúdo deste evento, ajudar a construir a narrativa que tem como objetivo impactar, informar e moldar o mundo através dos profissionais de recursos humanos. Lembrando que é um projeto voluntário, mas isso não impediu que nos reuníssemos todas as semanas por uma hora para discussão do conteúdo, fazer roteiros e escolher pessoas. Os dois últimos anos em que participei foram mágicos, pessoas com diferentes histórias de vida e profissional compartilhando seus conhecimentos sem medo ou receio, ideias maravilhosas que se transformaram em um evento mágico e transformador para mais de 600 profissionais de RH. Imagine se cada um pegar um aprendizado e aplicar em suas empresas, teremos pelo menos 600 empresas focadas em transformar nossa sociedade de maneira mais inclusiva. Isso não é mágico?

A conclusão dessa experiência reitera o valor da jornada compartilhada sobre o destino. As reuniões semanais, o esforço conjunto na curadoria de conteúdo e na seleção de palestrantes refletem a dedicação e o compromisso de uma equipe que, apesar de voluntária, operou com a seriedade de uma missão empresarial. Este cenário ressalta que, em iniciativas de transformação social ou profissional, "não importa para onde vamos, e sim com quem estamos". As relações construídas e fortalecidas durante esse processo são o verdadeiro legado, mostrando que quando pessoas motivadas e engajadas se juntam por uma causa comum os resultados podem transcender as expectativas individuais e moldar realidades para melhor.

Por conta do sucesso do último evento LIFE, fui convidada a ser diretora de RH estratégico da AAPSA. Este novo desafio vai me ajudar a sedimentar cada vez mais meu propósito com pessoas no mundo, que é inspirar e conectar pessoas, utilizando minha habilidade em gestão de talentos e minha paixão por descobrir histórias e culturas, criando um ambiente acolhedor onde todos possam se sentir valorizados e entenderem seus próprios caminhos. E claro que já convidei pessoas com quem trabalhei a colaborarem comigo nessa missão.

A InnovaSoul foi criada junto com uma ex-chefe amiga. Juntas, e com outras parcerias como Skillplace, Landing Me, Beebussinezzz, Master of Business, proporcionamos ao mundo corporativo e de RH ferramentas que auxiliam na contratação, desenvolvimento e retenção de talentos.

Minha visão é que, ao valorizar e nutrir nossas parcerias, estamos contribuindo para um mundo melhor. As pessoas que encontramos e as conexões que construímos são os pilares de um futuro mais justo e próspero. Ao moldarmos nossas vidas através dessas relações, estamos, simultaneamente, moldando o mundo ao nosso redor.

Refletindo sobre a minha jornada e as histórias que compartilhei, vejo claramente como as relações humanas têm sido fundamentais em cada etapa da minha vida. Desde o apoio incondicional dos meus amigos durante a perda do meu pai, passando pela minha liderança em recursos humanos, até o meu envolvimento com eventos significativos, como o LIFE da ABRH, fica evidente que os relacionamentos são a espinha dorsal do meu crescimento pessoal e profissional.

Construir e manter parcerias duradouras fortaleceu não apenas a minha carreira, mas também teve um impacto positivo nas comunidades com as quais interagi. Integrar empatia, comunicação e colaboração não só me ajudou a navegar por desafios profissionais, como também criou espaços para crescimento e inclusão que reverberaram além dos limites da minha rede imediata.

Cada história que contei ilustra a importância das pessoas com quem compartilhamos nossa jornada. Seja superando desafios profissionais ou transformando eventos em plataformas para mudança social, as conexões humanas provaram ser inestimáveis. Esses momentos destacam um princípio que sempre valorizei: não é apenas o destino que importa, mas as pessoas com quem compartilhamos o caminho.

Esta narrativa da minha vida é um testemunho do poder das relações e também um chamado para todos valorizarem suas conexões pessoais e profissionais. As parcerias que construímos não apenas nos permitem alcançar nossos objetivos, mas também enriquecem nossas vidas, transformando cada passo em uma jornada compartilhada que vale a pena. Continuando a nutrir essas conexões, estou contribuindo para um mundo mais justo e próspero, moldando o meu entorno e também influenciando o tecido mais amplo da sociedade.

E você, já parou para refletir sobre as parcerias que o(a) ajudaram e ajudam a protagonizar sua vida?

Um grande
líder muda tudo

Fernanda Campos

É formada em Psicologia com especialização em gestão de negócios e pessoas pela FGV, e em ESG pela FIA. Tem experiência de mais de 26 anos em Recursos Humanos, atuando em empresas globais como Citibank, Motorola Solutions, Amazon e C&A, tanto no Brasil quanto na América Latina, Estados Unidos e Europa. Atualmente ocupa o cargo de diretora executiva de RH, ESG & Comunicação do Grupo BNP Paribas Cardif. Tem um forte histórico no mundo corporativo e uma excelente experiência em gestão de pessoas e negócios, ESG, cultura organizacional, liderança, comunicação corporativa e planejamento estratégico em indústrias das áreas de tecnologia, serviços financeiros, varejo e consultoria. Foco em inovação, HRTech, atuando em grandes empresas e *startups* como mentora, membro de conselho ou *advisor*. Colabora em diversos projetos sociais, educacionais e de mentoria voluntária.

LINKEDIN

> "Precisamos nos conectar com as nossas raízes e saber o que nos trouxe até aqui, entender onde estamos hoje e como vamos chegar aonde queremos, com muita humildade, persistência e resiliência. Sabedoria sim, desistir jamais." Fernanda Campos

Introdução

A liderança eficaz não é apenas ocupar cargos altos, gerir equipes ou tomar decisões difíceis. É inspirar, transformar e capacitar aqueles ao seu redor. Em um mundo onde mudanças acontecem rapidamente, os líderes que transmitem um legado são aqueles que, através de suas ações e exemplos, deixam lembranças, mudam trajetórias, impulsionam carreiras e criam oportunidades, e que para muitos podem parecer impossíveis. Um grande líder tem a capacidade de conectar visão com ação, criar conexão, elos de confiança e resiliência em sua equipe através de empatia, adaptabilidade e flexibilidade.

Este capítulo explora a importância de um líder emocionalmente inteligente, visionário e inspirador, mostrando como ele pode transformar a dinâmica de uma organização ou até mesmo de uma indústria inteira. Com características e habilidades essenciais de um líder de sucesso, inspirando outros profissionais a se tornarem agentes de mudança, ao reconhecer o impacto que sua liderança pode ter não apenas nos resultados, mas na vida das pessoas.

O objetivo é não apenas apresentar um *case* de sucesso sobre liderança, mas também oferecer exemplos práticos que possam ser aplicados em diversas situações e contextos profissionais. Este conteúdo servirá como uma fonte de inspiração e orientação para líderes, mostrando que o caminho para o sucesso não se limita a resultados financeiros, mas sim ao desenvolvimento das pessoas e à criação de um ambiente dinâmico, colaborativo e visionário.

Á importância da liderança inspiradora

No cerne de qualquer organização de sucesso, encontramos líderes que vão além da gestão; eles são catalisadores e agentes de mudança. Sua visão de longo prazo, habilidades interpessoais e inteligência emocional permitem que eles inspirem suas equipes a alcançarem o que parecia inatingível. Esses líderes criam culturas de confiança, inovação, performance e colaboração, permitindo que cada membro da equipe descubra e desenvolva seu potencial máximo.

Estudos de diversos programas de liderança em instituições renomadas como Harvard, INSEAD e MIT têm destacado que líderes com algumas habilidades chaves têm impacto direto no sucesso a longo prazo das empresas. Líderes que apostam em pessoas, investem no crescimento de suas equipes, e não apenas na busca por resultados imediatos ou de curto prazo, tendem a ser mais resilientes em tempos de crise e mais inovadores em tempos de oportunidade.

Vou citar aqui alguns exemplos de líderes que estudamos e sobre os quais discutimos muito ultimamente.

Satya Nadella – CEO da Microsoft. Quando assumiu o comando da Microsoft em 2014, a empresa estava em um momento de estagnação. Ele conseguiu transformar a cultura corporativa ao focar a empatia, aprendizado contínuo e inovação, levando a empresa a se tornar uma das mais valiosas do mundo novamente. Nadella priorizou o bem-estar dos funcionários e promoveu uma cultura de colaboração, enquanto impulsionava a inovação com foco em nuvem e inteligência artificial.

Indra Nooyi – Ex-CEO da PepsiCo. Liderou a PepsiCo por 12 anos, tornando-se uma das executivas mais respeitadas do mundo. Sua abordagem focada em "Desempenho com Propósito" transformou a empresa, tornando-a mais sustentável e conectada às necessidades dos consumidores modernos. Sua visão não só elevou o desempenho financeiro da PepsiCo, mas também a preparou para o futuro, com um foco em produtos mais saudáveis e responsabilidade social.

Sheryl Sandberg – COO do Facebook (Meta). É conhecida por seu estilo de liderança empático e sua luta pela igualdade de gênero no local de trabalho. Autora do livro *Faça acontecer: mulheres, trabalho e a vontade de liderar*, Sandberg inspirou mulheres ao redor do mundo a assumir papéis de liderança. Sua habilidade de comunicar, apoiar e empoderar equipes a levaram a ser uma líder admirada tanto dentro quanto fora do Facebook.

Em renomados programas de gestão dos Estados Unidos e Europa, para CEOs e C-Levels, muitos desses líderes são estudados e analisados como exemplos de sucesso. Satya Nadella é frequentemente discutido em cursos de gestão de mudança e cultura organizacional, destacando como sua liderança baseada em empatia e inovação conseguiu reverter o destino da Microsoft.

Da mesma forma, o caso de Indra Nooyi, que é estudado em programas de sustentabilidade e responsabilidade corporativa, mostra como as empresas podem ser lucrativas enquanto fazem o bem ao mundo.

Há muitos líderes que são exemplos, suas histórias são únicas e oferecem *insights* práticos e aplicáveis que ajudam cada um a criar a sua própria abordagem de liderança.

Gostaria de destacar Jeff Bezos, e como criou sua própria abordagem de liderança. Até porque trabalhei na Amazon do Brasil e pude vivenciar a cultura organizacional e o impacto da sua liderança de forma global. O funcionamento da empresa através dos princípios de liderança e seus padrões é algo indescritível.

O estilo de Jeff Bezos é caracterizado por seu foco de obsessão pelo cliente e como pensar a longo prazo, estabelecendo padrões elevados, encorajando inovação, e capacitando seus times. Com uma mentalidade empreendedora, assume riscos e promove uma cultura de melhoria contínua e de excelência. Ele transformou a Amazon em uma gigante da tecnologia e "loja de tudo", sendo indiscutivelmente o líder mais incomum da nossa era. Imagino a sorte que alguns executivos que se reportavam diretamente a ele tiveram ao aprender com seu estilo de liderança único. "As grandes coisas começam pequenas."

As qualidades que impulsionaram seu sucesso foram:

Pensar grande, um dos 16 princípios de liderança que ele elaborou quando estava à frente da empresa. Muitos executivos destacaram as inúmeras vezes em que testemunharam equipes de desenvolvedores trazendo ideias realmente boas para que ele apenas sugerisse que levassem o conceito ainda mais longe. A cultura da empresa permitia e fomentava a criação com foco na obsessão pelo cliente.

Ter padrões altos, mesmo quando um *feedback* crítico parecia irracional, Bezos encontrava uma maneira de inspirar os funcionários a atender às suas expectativas e produzir o melhor trabalho possível. A busca por essa perfeição ou excelência assim dizendo trazia resultados inesperados. Além de uma dedicação incansável por parte dos colaboradores.

Ser *"estrategicamente paciente e taticamente impaciente"*. Ter talento para tomar decisões inteligentes rapidamente, porque a velocidade é sempre muito importante para as empresas de tecnologia. Bezos demorou anos até que adicionasse gradualmente novas categorias de produtos, além de livros, para se tornar a "loja de tudo". A plataforma de serviços em nuvem Amazon Web Services, por exemplo, que hoje é o segmento mais lucrativo da empresa, só foi lançada em 2006.

Entre os princípios de liderança que ele criou, está o que diz que bons líderes devem "buscar perspectivas diversas e trabalhar para refutar suas crenças". Da mesma forma, ele era conhecido por esperar até o final das reuniões para expressar sua opinião. Sempre foi aberto e curioso para aprender novos temas e opiniões. Isso significa conforto com a ideia de fracasso, principalmente como resultado natural da experimentação. "O fracasso é parte integrante da inovação. Não é uma opção", escreveu Bezos numa carta aos acionistas em 2013.

Grandes líderes continuam ouvindo contribuições de pessoas dentro e fora da empresa, ajustando suas opiniões e ideias à medida que aprendem mais. Não devemos ter uma opinião e nos apegar a ela para sempre.

Bezos cultivou uma cultura e uma mentalidade empreendedoras na Amazon, segundo as quais os funcionários são incentivados a pensar de forma criativa e a abraçar ideias disruptivas. Prosperando em um ambiente em rápida mudança, adaptando-se a novos desafios e oportunidades com agilidade e adaptabilidade. Empoderava equipes capacitando e delegando autoridade, reconhecendo que inovação muitas vezes resulta de diversas perspectivas e esforços colaborativos.

Ele valoriza, inclusive, diversas perspectivas e inclusão, promovendo um ambiente onde diferentes vozes são ouvidas e respeitadas. Além de atribuir grande importância à contratação e retenção dos melhores talentos, reconhecendo que uma equipe forte é essencial para alcançar objetivos ambiciosos.

Os principais destaques do estilo de liderança de Jeff Bezos é a tomada de decisão baseada em dados, abordagem analítica que permitiu à Amazon fazer escolhas informadas e otimizar as suas operações. Padrões altos, valorizando a ação, a responsabilidade e a propriedade, impulsionando uma cultura de excelência.

Sempre abraçou tecnologias disruptivas, remodelando setores como comércio eletrônico, computação em nuvem e conteúdo digital de distribuição.

Assumir riscos calculados, entendendo que as falhas são uma parte natural do processo de inovação. Essa perspectiva promove uma cultura de aprendizagem e resiliência. E valorizar a velocidade na tomada de decisões e na execução. A capacidade da Amazon de agir rapidamente tem sido um fator-chave para a sua competitividade.

Na minha carreira, conheci, admirei e repudiei muitos líderes. Muitos, os grandes formadores de opinião, foram inspiração e motivadores de algo além do usual. Sempre escutei que para ir além precisávamos fazer algo diferente, e fazer a diferença. O que isso queria dizer? Como fazer diferente e fazer a diferença? Por anos busquei o líder perfeito, mas nunca encontrei! Do outro lado usei como aprendizado cada relacionamento, situação e *insight* que me serviram de inspiração de "quem ser e não ser", do que "fazer e não fazer".

Essa riqueza que se chama diversidade de conhecimento e experiência é parte da minha jornada de aprendizado, evolução e desenvolvimento, seja profissional e/ou pessoal. Poderia citar alguns líderes que são parte de mim hoje, cada um com sua contribuição, como: Nora-Ney Cerneviva, Delsio

Klein, Alcides Amaral, Robin Liddle, Robert Cabanelas, Alex Van Tienhoven, Paulo Cunha, Miguel Noguerol, Alex Szapiro, Laurie Arnold, assim como outros pares e colegas admiráveis e ainda os presentes na minha jornada atual.

A liderança não é só olhar quem está acima, mas também a sua equipe e liderados. Quanto aprendizado, quanta resposta e motivação positiva recebida quando se é um bom líder. Qual o impacto na vida de cada um quando falhamos enquanto líderes ou quando podíamos dar mais do que aquele momento merecia? Como olhar o outro, com olhos de sucesso e fracasso, a importância da empatia e da comunicação que nos modificam e trazem significados significativos. Aprendo constantemente com cada um. Os exemplos de pares e colegas também é algo curioso, importante e de muito aprendizado. Entender a dinâmica mental e de motivação das pessoas, os vieses inconscientes e interesses fazem cada ser único. Serve de muita observação: você já parou para observar o que acontece à sua volta?

Espero que cada reflexão traga lembranças e *insights* que têm como objetivo inspirar líderes e pessoas como você, para adotarem uma abordagem que não só visa resultados imediatos, mas também se concentra em criar legados através do desenvolvimento de pessoas e culturas organizacionais positivas. Um grande líder, afinal, tem o poder de transformar tudo, desde carreiras até o futuro de uma empresa. Um bom líder tem que ter claro qual o seu propósito, o seu papel, a sua contribuição e qual o legado a deixar, seja de forma corporativa, social e/ou familiar. E para você, qual a diferença entre um grande líder e um bom líder?

Como mencionado anteriormente, a liderança é um tema de extrema relevância, não apenas no contexto empresarial, como em todas as esferas da vida. Grandes líderes são frequentemente associados à capacidade de inovar, inspirar, e transformar suas equipes e organizações, como CEOs de sucesso que alavancam a receita de suas empresas por meio da combinação de visão estratégica, execução disciplinada e construção de cultura organizacional. Exemplos como Jeff Bezos, Satya Nadella e outros mostram que a liderança eficaz pode gerar resultados transformacionais e criar organizações de longo alcance global.

Liderar uma equipe de forma eficaz exige um conjunto diversificado de habilidades, que vão além da tomada de decisões. Seguindo minha experiência e visão, eu destacaria:

- **Comunicação**: transmitir com clareza a visão e os objetivos da empresa é fundamental. Líderes eficazes comunicam não apenas o "quê", mas o "porquê" por trás das decisões, garantindo que cada membro da equipe entenda seu papel naquele contexto. A comunicação efetiva e eficaz tem que acontecer de ponta a ponta.

- **Empatia**: Um líder deve ser capaz de compreender as necessidades, desafios e motivações individuais da equipe, criando uma cultura de apoio e incentivo.

- **Delegação**: Saber delegar é vital para motivar a equipe. Quando os líderes dão autonomia e confiança para que os membros tomem decisões, isso cria um ambiente de responsabilidade.

- **Resiliência**: Manter a calma em momentos difíceis e inspirar a equipe a superar desafios.

Posso aqui citar outras habilidades, mas vale lembrar a importância do autoconhecimento. Fundamental em qualquer âmbito e esfera da vida, especialmente se lideramos pessoas. Enfrentamos desafios constantes, desde metas não atingidas até crises internas e externas. Manter o equilíbrio emocional e controlar o estresse é crucial para liderar com clareza e tomar decisões racionais em tempos de crise.

Esses desafios muitas vezes se tornam obstáculos, e para superá-los aprendi que em momentos críticos líderes devem ter dados e fatos para tomar decisões rápidas e eficazes. Situações desafiadoras exigem flexibilidade e capacidade de ajustar estratégias conforme as circunstâncias mudam. Não há como não falarmos em adaptabilidade.

Trazendo um olhar para nossas equipes, me pego refletindo em como inspirar ou motivar cada um a se tornar líder em sua própria área de atuação, assumindo responsabilidade por seus próprios resultados, além de desenvolvê-los para liderar de forma eficaz com tomada de decisão. E para mim, incentivar a equipe a assumir a liderança dentro de suas áreas é uma forma poderosa de desenvolver uma cultura de alta performance, que pode ser feito através de empoderamento. Delegar não apenas tarefas, mas também decisões importantes, isso permite que os colaboradores se sintam mais confiantes a contribuir de forma significativa. A mentoria e o *coaching* dão uma certa direção, mas também permitem que os colaboradores aprendam com seus próprios erros, e isso para mim é essencial para o desenvolvimento de líderes futuros. As empresas têm que estar abertas a erros como parte da sua cultura organizacional.

O desenvolvimento dos membros de uma equipe também deve ser uma prioridade contínua para qualquer líder. Incentivá-los a compartilhar conhecimento e experiências entre si, fortalecendo a capacidade de resolução de problemas coletivos através da criação de uma cultura de aprendizado. Desde treinamento contínuo, promovendo oportunidades de aprendizado e capacitação, até *workshops*, conferências, *networking* e *feedback* estruturado.

Liderar exige também a capacidade de ouvir ativamente as necessidades e preocupações dos seus colaboradores. E do que não podemos abrir mão são as reuniões em equipe, reuniões *one-on-one* para manter um diálogo aberto, entendendo as preocupações, momento e ideias de cada um, e por fim o *feedback* 360 graus. Criar uma cultura onde o *feedback* é bidirecional permite que líderes ajustem seu estilo conforme necessário e fortaleçam as conexões pessoais.

Manter a confiança e o respeito da equipe envolve transparência, ser honesto sobre as decisões, os desafios e os planos da organização. Os reconhecimentos também demonstram apreciação pelos esforços e sucessos da equipe, cultivando um ambiente positivo.

Uma equipe motivada e produtiva deve ter espaço para tomar suas próprias decisões. Isso pode ser feito através de delegação de responsabilidade na qual os colaboradores têm autonomia para tomar decisões em suas áreas, enquanto o líder oferece orientação estratégica. Além de fornecer diretrizes claras para a tomada de decisões, mas permitindo a liberdade criativa dentro dos devidos parâmetros.

Motivar uma equipe a alcançar o máximo de seu potencial envolve definição clara de objetivos, estabelecendo metas desafiadoras, mas alcançáveis, ajudando a manter a equipe motivada e focada. Recompensa e reconhecimento, principalmente em público, podem motivar a equipe a continuar buscando a excelência.

Já os conflitos são inevitáveis em qualquer organização, e líderes precisam abordá-los com mediação imparcial, evitando tomar partido, mas entendendo de forma neutra ambos os lados antes de mediar uma solução.

A resolução colaborativa de problemas envolve ambas as partes em um processo para encontrar soluções construtivas e sustentáveis, promovendo conversas difíceis, assim como o diálogo, o debate e o entendimento mútuo.

> *"O equilíbrio delicado de ser mentor de alguém é saber que não se deve moldá-lo à sua imagem, mas lhe dar a oportunidade de moldar a si mesmo."*
>
> *Steven Spielberg*

Conclusão

A história nos mostra que grandes líderes são aqueles que permanecem fiéis aos seus valores, enquanto adaptam suas abordagens às necessidades da equipe e do mercado. Como CEO ou líder, a chave é a combinação de humildade, resiliência e visão estratégica. O maior conselho para líderes é entender que liderança é uma jornada contínua de aprendizado, e o sucesso é alcançado quando você inspira aqueles ao seu redor a serem líderes também.

Liderança eficaz requer aprendizado contínuo. Um líder que deseja continuar crescendo deve buscar *feedback*. Estar aberto ao *feedback* da equipe e de mentores externos e se atualizar constantemente, acompanhar tendências de mercado, novas tecnologias e metodologias de liderança para estar sempre à frente.

A liderança corajosa é um dos fatores que mais moldam o sucesso e longevidade das empresas. Ser um grande líder vai além de tomar decisões e ter conversas difíceis. Trata-se de ter a capacidade de enfrentar situações não planejadas, incertas e momentos de crise com convicção, mantendo a visão e a direção de forma transparente a todos, sem medo de falhar e se reinventar sempre que necessário. Falhar faz parte, mas o que torna um líder diferente é a capacidade de se reinventar, levantar-se quantas vezes for preciso e continuar em frente com a mesma determinação e ambição do início. Esse líder cria uma cultura de resiliência dentro da organização, além de gerar grande respeito. Saber ouvir e valorizar a opinião dos outros é fundamental, mesmo que isso signifique confrontar suas crenças mais valorosas.

Por fim, um líder de sucesso transforma não apenas sua organização, mas também a vida das pessoas ao seu redor, promovendo um ciclo de inovação, crescimento e impacto positivo.

E, hoje, vejo que as decisões mais difíceis que tomei foram as que mais contribuíram para as empresas e para o meu crescimento profissional e pessoal, sempre prosperando e desafiando o *status quo*.

Um grande líder muda tudo! Não importa para onde, importa com quem.

> *"Se cheguei até aqui foi porque me apoiei no ombro dos gigantes."* Sir Isaac Newton

Raízes profundas a altas conquistas: a história de uma líder em RH

Gabriela Palumbo

Mais de 22 anos de experiência na área de Recursos Humanos. Nascida na Zona Sul de São Paulo, filha mais nova de uma família com cinco irmãos, determinada a crescer, iniciou no mercado muito jovem realizando trabalhos esporádicos aos finais de semana até ingressar na área de RH. Formada em Administração de Empresas pela PUC–SP (Pontifícia Universidade Católica) e pós-graduada em Recursos Humanos na FAAP (Fundação Armando Alvares Penteado), fez carreira na empresa IBM e sua subsidiária Proxxi Tecnologia. Mãe de Izabela e Miguel, casada com Tiago, atualmente é líder de Recursos Humanos da Proxxi Tecnologia e foi responsável por toda a transformação do RH após aquisição pelo grupo IBM.

LINKEDIN

Essa história tem início bem antes da minha existência, exatamente no ano de 1940, com o nascimento do meu pai, que foi sempre um grande exemplo e fonte de inspiração.

José Claudio era jornalista, trabalhou por mais de 20 anos no jornal O Estado de São Paulo, e faleceu aos 81 anos quando ainda trabalhava com um negócio próprio. Casado com Ivanete, minha mãe, professora e bibliotecária, tiveram uma vida de luta para educar seus cinco filhos, sempre nas melhores escolas e com muito esforço para dar o melhor a cada um deles. Eu sou a caçula dessa grande família.

Inspirada nessas pessoas eu cresci com o sonho de ser apresentadora de televisão e por conta disso, na escola, sempre busquei falar em público, em apresentações e com temas relacionados à convivência com pessoas.

Mas o curso da vida mudou e quando ainda estava no colegial recebi conselhos da minha irmã Adriana para ampliar minhas escolhas e altero a decisão de cursos relacionados a Comunicação e Jornalismo para Administração de Empresas.

Sempre preocupada com o futuro, trabalhava desde os 14 anos em busca de liberdade e conquistas financeiras. Iniciei como vendedora em lojas no período de Natal, trabalhei em *buffet* infantil, fiz cursos relacionados à área e virei recreadora de festas de criança. A recreação me fez conhecer um mundo diferente; eu tinha 16 anos, dançava em shows, divertia crianças, trabalhava com o Papai Noel na noite de Natal e tinha o meu dinheiro para gastar no final de semana com os amigos.

Aos 17 anos conheci Tiago, primo da minha melhor amiga do colégio, a Fernanda. Eu estava no 2º ano do Ensino Médio quando ele viu uma foto minha na casa dela e disse: "É com ela que vou me casar". E assim os dias passaram, cartinhas de brincadeira eram trocadas e o namoro começou. Estimulada pela minha mãe, eu estudava inglês, e guardava dinheiro para um intercâmbio no Canadá.

Sem deixar os estudos de lado em nenhum momento, em 1999 entrei na PUC em Administração, que cursei por cinco anos.

Logo no primeiro ano de faculdade eu conheci um novo universo, e a profª Marilia Tozzi foi minha inspiração. Ela era uma das primeiras líderes mulheres da Alcoa e despertou minha paixão por RH, contando histórias envolventes, e eu me encantei pela área – nesse momento soube exatamente o que gostaria de fazer e com que trabalhar no futuro.

Ainda nesse 1º ano de faculdade eu já vi a oportunidade de trabalhar e consegui meu primeiro estágio. E assim, numa busca incessante, fui para a empresa USS Telemarketing como atendente telefônica na central de marcação de consultas do governo.

A primeira experiência no mundo corporativo nos chama a atenção à medida que temos de aprender uma postura diferente, e até mesmo qual a roupa adequada para aquele ambiente. Nesse novo universo eu conquistei alguns prêmios e mudei de área dentro da própria empresa, sempre buscando novos aprendizados.

No 2º ano da faculdade eu já queria conhecer outra área e fiz estágio na Faculdade Trevisan. Lá eu tive líderes que me orientaram e me deram oportunidades. No período da noite, quando eu ficava sozinha, além de conviver com os alunos, aproveitei a oportunidade de estudar e aprender com os professores, já vendo novas possibilidades para alcançar meu objetivo, que era a área de Recursos Humanos.

No 3º ano da faculdade, eu sempre passava em frente ao prédio da IBM quando estava indo para a PUC, e pensava: "Um dia eu vou trabalhar aí". Um prédio bonito, com executivos ao redor, chamava a atenção de todos os jovens naquela época. E assim fui chamada para uma vaga de estágio na área de RH. No dia que o telefone tocou, não fui eu quem atendi... Foi o meu pai! E foi assim que a Luciana disse a ele que eu havia sido selecionada para a vaga da IBM... As palavras dele foram simples e sei que ela guarda na memória até os dias de hoje. "Tenho certeza que essa é a melhor contratação que você fez nos últimos tempos". Pai é pai, e eles sempre têm muito orgulho dos filhos!

Então, começamos um novo capítulo dessa história: finalmente eu entrei na área de RH. A jornada de estagiária era de oito horas por dia, faculdade no período noturno e trabalhos acadêmicos nos finais de semana. O corpo cansava, mas sempre na certeza de estar construindo um futuro.

Eu continuava com o meu namorado, também estagiando em empresas para pagar sua faculdade de Engenharia, mas nunca deixamos de ter o nosso planejamento financeiro. Tínhamos o sonho de casar, ter filhos, e sabíamos que sem esse plano nada seria possível; fazíamos planilhas, tínhamos um cofrinho... Nos divertíamos, festas, amigos e histórias que dariam um livro à parte!

Dentro da IBM eu comecei meu estágio na área de HR Business Partner; quando chegou o final da faculdade tive uma rápida passagem em finanças e voltei para RH, que era o meu grande desejo. E assim parti para o Rio de Janeiro, juntamente com outra colega de trabalho a fim de estruturar a área de International Assignment. O que eu conhecia sobre isso? Nada! Não tinha conhecimento de legislação de outros países, nem de impostos, pouco contato com espanhol e sofria com inglês, apesar de tanto estudo, mas tinha uma sede de vencer e de aprendizado. Passamos meses no Rio conversando com expatriados, em contato com outros países, estudando legislação, impostos e fazendo o possível para que essas pessoas sofressem o menor impacto com a mudança de país.

Depois veio a vontade de conhecer a área de Talent Acquisition (Recrutamento e Seleção) e o desafio de buscar e treinar alguém para o meu lugar. Após meses, consegui encontrar uma pessoa que se tornou uma querida amiga e mudei de área para conhecer outra realidade dentro da empresa. Sempre com líderes inspiradores que acreditaram no meu potencial, eu fui crescendo. Assumi como *team leader* nessa área, desenvolvi mudanças importantes no Programa de Estágio, relacionamento com executivos, e assim, lidando com a juventude (estagiários) e a liderança, tivemos trocas completas e contínuas.

Na vida pessoal os objetivos continuavam e o desejo do casamento também. Eu buscava casas para morar, chorava a cada uma delas que não dava certo, ou porque o local não era adequado, ou porque tinha umidade na parede, ou se não tínhamos como pagar o valor pedido. Eu já achava que ele não queria casar e estava me enrolando, afinal já eram quase dez anos de namoro! Até que um dia, naqueles panfletos inesperados do farol, achamos um apartamento e finalmente conseguimos comprá-lo. Com ajuda da família sempre, Tiago me pediu em casamento no Terraço Itália e marcamos 12 de janeiro de 2007 para concretizar o nosso sonho.

E o casamento foi perfeito, com família, amigos, Padre Juarez de Castro, que nos acompanhava na Igreja São Judas em nosso grupo de jovens. Aliás, falar da igreja também seria um capítulo à parte, porque em paralelo a essa história nós frequentávamos o grupo de jovens e fomos crescendo nesse local para contribuir com a comunidade; éramos os dirigentes financeiros e foi um local que nos ajudou a ter conhecimento e bagagem do aspecto de Finanças que completa um profissional de RH.

De lá pra cá eu tive líderes que foram amigos e continuam

fazendo parte da minha história e da minha jornada. Vários saíram da empresa, mas deixaram marcas que serão lembradas para todo o sempre.

Passei por diversos locais dentro da empresa, conhecendo realidades diferentes em diversas regiões de São Paulo, viajei o país fazendo mesas-redondas e escutando as pessoas sempre em busca de aprimorar a experiência de cada profissional que está conosco nessa caminhada. A liderança é uma jornada que transcende o simples ato de comandar. É um compromisso profundo de guiar, inspirar e capacitar aqueles que estão ao nosso redor, transformando visões em realidade e desafios em oportunidades.

Um líder eficaz não é apenas alguém que possui autoridade ou habilidades técnicas excepcionais, mas que demonstra empatia, integridade e resiliência. É alguém que compreende as necessidades individuais e cria um ambiente onde todos se sintam valorizados, respeitados e motivados a alcançar seu pleno potencial.

A verdadeira essência da liderança reside na capacidade de inspirar os outros a acreditarem em si mesmos e no propósito maior que estão perseguindo juntos. É sobre criar uma visão convincente do futuro, comunicá-la de forma clara e apaixonada, e mobilizar esforços coletivos na direção dessa visão.

Além disso, um líder não apenas direciona, mas também capacita sua equipe, promovendo um ambiente de aprendizado contínuo, autonomia e responsabilidade. Ele encoraja a inovação, valoriza a diversidade e reconhece e recompensa o sucesso.

No cerne da liderança está o compromisso com a excelência e a busca incessante pela melhoria. Um líder inspirador não só celebra a vitória, mas aprende com o fracasso, transformando cada desafio em oportunidade de crescimento e fortalecimento.

E foi nesse ímpeto de sempre buscar desafios que aquela mesma pessoa que me contratou em 2001 me chamou para um novo desafio, que foi o convite para assumir a Liderança de RH de uma empresa que estávamos comprando. E quando falo que não importa para onde, mas importa com quem, é exatamente disso que estou falando. A oportunidade apareceu porque a Luciana confiava em mim, e porque o Carlos Jorge (presidente que estava assumindo a empresa) conhecia o meu trabalho e minha capacidade. Sem muitas informações, com um frio enorme na barriga, eu fui. Era longe de casa, eu já tinha uma filha, Izabela, nascida em 2011, e teria que me reorganizar. Mas novamente, com ajuda da família, minha mãe, meus sogros cuidando da Bela e meu marido, que sempre apoiou cada passo da minha carreira, eu fui... E foi a melhor oportunidade de carreira que tive em toda a minha história! Não somente para meu crescimento, mas porque eu pude ser uma profissional completa e ver todos os aspectos da área de RH pela qual eu era tão apaixonada.

Quando você fala de aquisição, o desafio é multiplicado, porque precisa entender a cultura, os processos existentes, as pessoas envolvidas e conquistar um novo espaço. E nesse universo eu me encantei ainda mais com a possibilidade de poder fazer mais pelas pessoas. De poder transformar uma nova realidade buscando resultados e impacto positivo. Lógico que passamos momentos difíceis, porém, quando você consegue consolidar uma equipe que olha para o mesmo lado e busca os mesmos objetivos, os desafios passam a ser vistos como oportunidades.

E assim os anos foram passando, foram muitas histórias de amizade! Na construção dessa nova empresa fizemos de tudo, desde campanhas de sustentabilidade, inclusão do tema Diversidade na agenda dos executivos da empresa, troca de sistemas e muitas mudanças.

Houve um fato curioso que foi a nossa virada de folha de pagamento, em que tivemos desafios gigantes a serem cumpridos para garantir o pagamento de todos os funcionários com um novo fornecedor. Essa história deixou o nosso time unido por muitas horas, o medo de sofrermos um impacto negativo era gigante, mas, sempre que alguém achava um obstáculo, juntos nós achávamos a solução. E foi com muita emoção e comemoração que o resultado deu certo, caiu no dia correto após um engajamento incrível da equipe. Isso ficou na história e lembrança de cada um que participou do projeto, e nos ensinou a lição de um mantra que eu sempre falo: no final, tudo dará certo... e se não deu ainda é porque o fim não chegou!

Os desafios surgiam a cada dia: um novo filho nasceu em 2017, o Miguel. A maternidade é outro capítulo à parte que nos desenvolve como ser humano. Ser mãe, responsável por seres tão pequenos e que dependem 100% e exclusivamente de nós, é algo indescritível. Leva-nos a várias reflexões, contudo acima de tudo nos ensina a ter um equilíbrio e ser um líder completo. Colocar-se no lugar do próximo e passar por momentos e decisões com a certeza de que estamos construindo a cada dia um lugar melhor para nossas próximas gerações.

Eu pessoalmente tenho uma grande preocupação com o futuro do nosso país e com a sustentabilidade, então defendo os valores e propósitos em que acredito para que possamos juntos fazer um futuro melhor para todos. Nosso prédio em Pirituba fechou, fomos para um novo endereço no centro da cidade de São Paulo e com ele mais desafios: a violência, a insegurança, novos problemas como roubo de canos de cobre em nosso estacionamento por moradores de rua.

Nesse período nos unimos ainda mais; sabe aquela história de fazer do limão uma limonada? Conhecemos o centro de São Paulo e todas as suas particularidades, olhando sempre o lado positivo fazíamos almoços incríveis na Casa do Porco, passeios no Mercadão, *happy hour* e caminhadas no Viaduto Santa Efigênia, contemplando a beleza de uma cidade tão incrível como São Paulo.

Veio a pandemia da Covid-19, todos os prédios se fecharam e me lembro do nosso último almoço com alguns líderes da empresa, com quase tudo já fechado, sem perspectiva do que estava prestes a acontecer. E ela foi mais uma forma de mostrar que quando a equipe está unida consegue todos os seus objetivos. Nosso trabalho não parou, os funcionários continuaram atendendo na rua, o trabalhou aumentou com tantas mudanças de legislação pela pandemia, tivemos auditoria, mas com a certeza de estarmos todos juntos e nos apoiando nos momentos complicados.

A pandemia acabou, os desafios foram se transformando, voltamos a um novo prédio já numa realidade diferente, os encontros deixaram de ser virtuais e assumimos um novo normal. O difícil desafio de equilibrar e integrar os desejos de todas as gerações sempre voltado ao crescimento de cada um de nós e da nossa companhia.

O estudo contínuo, pensar diferente e com inovação, a vontade de seguir crescendo, estar sempre aberto a novas possibilidades e até mesmo uma mudança de país devem ser consideradas em certos momentos da vida, porém eu acredito que o alicerce de tudo que fazemos devem ser as pessoas. Eu nunca teria chegado aonde estou sem o apoio da família – minha irmã Claudia com meu cunhado buscavam meu filho de cinco meses na escola, minha irmã Flávia com a logística, quando precisava, minha cunhada Mer nos finais de semana e meu irmão Zé me inspiravam com as trocas em nossos cafés. Os amigos equilibravam para que pudéssemos continuar trilhando o melhor caminho. E meu time e os que convivem comigo diariamente fazem com que cada um de nossos dias seja alegre, motivador e com a certeza de que o nosso caminho vale a pena.

O marido e os filhos foram sempre a força nos momentos mais difíceis, pois um verdadeiro líder demonstra essa característica em todos os lugares. Em última análise, a verdadeira medida de um líder não está apenas em suas realizações individuais, mas no legado que deixa para trás e no impacto positivo que tem sobre as vidas das pessoas que lidera. É deixar o mundo um lugar melhor do que o encontrou, moldando, além de resultados tangíveis, também corações e mentes. Que cada um de nós, em nossas jornadas de liderança, possa abraçar essa responsabilidade com coragem, guiando nossas equipes com sabedoria e inspirando-as a alcançar novas alturas de sucesso e realização, pois no final não importa para onde, importa com quem!

Liderança que
me inspira: é sobre
estimular, cultivar,
colaborar e impulsionar

Luciana Depieri

É paulista, tutora de quatro felinos e apaixonada por música, gastronomia, pessoas e comportamentos. Atualmente é responsável por estratégia na Gestão de Pessoas e seu papel essencial é ajudar na transformação das empresas e no desenvolvimento de pessoas na construção de um mundo corporativo sustentável.

Com 27 anos na área de Recursos Humanos, já ocupou diversos cargos de liderança, atuando em diferentes atribuições e níveis. Graduada em Psicologia, possui MBA Executivo pela FDC, pós-graduação em Recursos Humanos pela FGV e em Psicoterapia com enfoque na sexualidade.

LINKEDIN

A jornada chamada Liderança

Na jornada de liderança cada capítulo é uma oportunidade para aprender sobre os desafios e mistérios que definem essa caminhada.

Nas páginas que seguem, gostaria de fazer um convite à reflexão sobre como um líder eficaz pode impulsionar a inovação e a motivação nesta era digital e de interconectividade, na qual as mudanças acontecem em ritmo acelerado e são ininterruptas, generalizadas e exponenciais.

Neste capítulo, compartilho com vocês minha jornada pessoal de liderança colaborativa e transformacional, explorando práticas e princípios que moldaram a maneira como lidero, incentivando a experimentação, a aprendizagem e a solução de problemas de forma criativa e colaborativa.

A cada novo passo na minha caminhada, reforço minha crença de que uma liderança eficaz não se trata de controlar e comandar; é colaborar, inspirar e estimular, criando um ambiente no qual todos se sintam valorizados e motivados para que o crescimento seja não apenas coletivo, mas também individual.

Minha jornada de liderança não tem um destino e é feita de vitórias e desafios. Assim como a caminhada de cada um, é única e tem sua própria narrativa de crescimento, impacto e propósito.

Que essa narrativa sirva como uma fonte de inspiração para os que se aventuram na reflexão sobre suas próprias jornadas com coragem, resiliência e autenticidade.

Minha história de sucesso

Minha jornada de liderança teve um poder transformador em mim e em como minha carreira foi desenvolvendo-se.

A mudança não ocorre apenas nos momentos em que estou em posição de liderança, mas principalmente durante a caminhada, numa verdadeira autodescoberta na qual a cada dia avanço e chego em um novo ponto que não precisa de retorno.

Nunca pensei que liderar fosse comandar ou estar em uma posição de poder, mas atualmente, além dessa certeza, entendo que o meu propósito como líder é inspirar, cultivar, colaborar e impulsionar.

Inspirar para que as pessoas possam encontrar um propósito significativo no trabalho diário e busquem fazer com excelência tudo a que se propõem.

Cultivar a compaixão para manter relacionamentos positivos e possibilitar junto ao time o estabelecimento de uma base sólida de confiança e respeito, bem como cultivar uma cultura inclusiva e de inovação.

Colaborar com todos e reforçar a importância da cooperação entre as pessoas da equipe, com base em confiança, participação ativa e aprendizagem contínua a fim de que o time tenha um compromisso constante com a criação de um futuro em que todos prosperam juntos.

Impulsionar para que todos possam explorar seu potencial ao máximo e para que cada um possa desenvolver e aproveitar sua mentalidade de crescimento, buscando constantemente oportunidades para evoluir e florescer em realizações.

Mas não é fácil colocar tudo isso em prática. A cada dia, a cada ação, a cada aprendizado existem vitórias e desafios e é dessa forma que vou trilhando meu caminho, tentando, acertando, errando, sobretudo, aprendendo. E nem sempre tudo sai de acordo com o planejado, derrotas também fazem parte e elas nos trazem importantes lições para recalcular a rota e alcançar nossos objetivos. As tormentas fazem parte da vida e como nós as enfrentamos também molda o tipo de líder que nos tornamos.

No começo da minha carreira na área de Recursos Humanos (RH) – em boa parte dela –, atuei majoritariamente em empresas de tecnologia. Isso me deu *expertise* dentro do setor e posso dizer que esse foi um diferencial na minha trajetória.

Desde muito cedo eu já tinha o objetivo ou, melhor dizendo, o desejo de me tornar uma executiva de sucesso. Talvez por ter me inspirado na minha mãe, em como eu me orgulhava da profissional que ela era, quão lindo eu achava ela se arrumando e indo feliz para o trabalho todos os dias e ao mesmo tempo cuidava da casa e da família. Grande líder minha mãe... Meu primeiro exemplo e inspiração.

A partir desse objetivo, estabeleci metas para alcançá-lo, atuei em diferentes subsistemas dentro da área de RH, fui aprendendo e me aprofundando em alguns conhecimentos técnicos específicos como Aquisição de Talentos, Desenvolvimento de Liderança, Cultura e Engajamento, além de buscar desenvolver competências diversas, por exemplo, coragem para agir, solucionar problemas de forma criativa, colaborar em time e orientar minhas ações para resultados. Fui a cada dia buscando prestar atenção no que eu tinha de fortaleza e que pontos eu precisava desenvolver mais, aprimorar, mudar de rota.

Nesse trajeto, tive a oportunidade de trabalhar com muitos líderes entre os meus *stakeholders*, alguns a que reportei, ou que eram meus parceiros, outros clientes e até amigos.

Cada um desses líderes que passou pela minha vida me ensinou algo, sem exceção. Tudo que aprendi foi consequência da minha própria perspectiva e percepção de cada uma dessas lideranças. Importante esclarecer que o que eu entendo como bom não necessariamente é o que outros pensam, afinal, somos quase 8 bilhões de pessoas no planeta, cada uma é diferente e tem uma percepção muito própria sobre o mundo. O que funcionou para mim como profissional, também me ajudou – e ajuda até hoje – a ser a melhor líder que eu posso ser, porque entendo que, de alguma forma, é o meu natural, faz parte de mim como ser humano. Do meu aprendizado reflito sobre "como eu quero ser como líder" e identifico "como eu não quero ser". Cada nova liderança na minha vida e carreira era mais uma oportunidade para sentir, aprender, desenvolver ou excluir da minha rota.

Minha primeira posição como líder veio muito cedo e esse foi meu primeiro desafio. Não preciso entrar em detalhes, mas hoje acredito que à época não soube me posicionar e inspirar o time para o sucesso coletivo. Como não estava pronta, claramente, acabei sendo "convidada" para uma outra oportunidade. Assim, logo cedo experimentei uma mudança não planejada, mas tive a sorte de ter uma líder que me deu todo o apoio e suporte necessários, o que me ajudou no trabalho e me deu novas perspectivas. Dessa forma aprendi logo cedo que a liderança precisa ser desenvolvida, tanto quanto a habilidade de liderar. No final, essa mudança foi realmente uma oportunidade.

Com o passar dos anos vieram novas chances de liderar times, liderar processos e projetos, e nesse caminho fui sempre buscando inspirar outros a caminharem comigo, tanto meus liderados como meus pares, chefes, clientes e demais *stakeholders*.

Alguns anos depois, a vida me trouxe de volta a parceria da minha primeira chefe, grande líder e exemplo para mim. Até hoje consigo ver claramente o impacto positivo que ela teve na minha carreira. Mais uma vez, e com ela ao meu lado, pude liderar um time apoiada e amparada para novos voos. Foi lindo e me impulsionou a voos cada vez mais altos, em uma nova cidade que hoje está impregnada positivamente em mim que é São Paulo.

A partir daí foram muitas oportunidades de liderar times diferentes, em momentos distintos da empresa, e a cada dia eu via que sabia menos e menos, e com isso percebia que eu precisava mais e mais cultivar todas essas aprendizagens, cultivar a compaixão com cada um do time, demonstrar empatia, liderar de forma diferente a cada situação e com cada pessoa adaptar o que funcionaria melhor. Nesse caminho tive um outro líder inspirador. Um líder completamente diferente de todos os outros que eu já tinha conhecido, ele me ensinou muitas das habilidades que me faltavam, pelo menos as que eu sabia que não tinha até aquele momento. Sempre me motivou a melhorar, me dando *feedbacks* claros que me ajudaram a buscar novas formas, coisas que eu não sabia que precisava e muitas vezes nem sabia que era capaz de fazer.

Mas fui eficiente e na minha incessante busca pelo conhecimento fui galgando novas oportunidades e trabalhei em empresas com culturas diferentes. Aprendi também que cada cultura cultiva competências diferentes e isso me deu uma nova casca, uma nova crença de que o que servia para mim era a Liderança Positiva, ou seja, valorizar os pontos fortes de cada um para que exista uma colaboração e assim suprir as fraquezas individuais em equipe. Isso sempre me estimulou e, como acredito que ninguém é bom em tudo, busco promover uma equipe motivada, saudável e que eleva o bem-estar no trabalho, potencializando suas fortalezas e contando com seus pares para que juntos cheguem ao sucesso individual e coletivo.

Durante esses anos, não foi importante apenas aprender, também tive que garantir que junto ao meu time eu estava apresentando resultados positivos para os desafios que me foram apresentados. Dessa forma, sempre busquei fortalecer minha relação de confiança com meus pares, meus superiores, mas principalmente com minhas equipes.

Sempre aceitei os desafios que me foram apresentados. Embora às vezes pensasse que não estava preparada para assumir um desafio que surgia, dizia a quem me oferecia que seria um desafio, que precisaria de apoio, mas que faria a minha parte; e assim foi, desafio pós desafio. Hoje tenho essa mesma postura com os meus times, porque quero ver todos e cada um florescendo e brilhando, não necessariamente como gerente, mas sempre liderando para o bem seus pares, clientes e *stakeholders*.

Até hoje, para construir e manter relacionamentos positivos, com confiança e respeito de minhas equipes e *stakeholders*, busco cada vez mais demonstrar habilidades como liderança exemplar; comunicação eficaz, clara e transparente; incentivo à colaboração; delegação de responsabilidades; empoderamento e desenvolvimento pessoal; escuta ativa; compaixão e conexão como forma de inspirar; reconhecimento e valorização; resolução construtiva de conflitos; mentalidade de crescimento; resiliência e adaptação; e foco nas pessoas.

Como tem sido?

Para tentar contribuir um pouco mais com a jornada de vocês, compartilho exemplos de como eu busco demonstrar essas habilidades.

Liderança exemplar: 1) busco ser um exemplo de liderança positiva, tendo um modelo de comportamento ético, responsável e respeitoso. Pratico o que prego e acredito que isso inspira confiança e respeito; e 2) tento demonstrar as qualidades e comportamentos que desejo ver em minha equipe, porque apenas assim consigo influenciar pelo exemplo.

Comunicação eficaz, clara e transparente: 1) mantenho a equipe informada sobre mudanças no contexto organizacional, estratégias e metas. O entendimento do ambiente em que estão inseridos facilita tomadas de decisão mais alinhadas com os objetivos e propósitos da organização; e 2) busco, na medida do possível, ser transparente nas tomadas de decisão, explicando o raciocínio por trás delas. Isso ajuda os integrantes da minha equipe a entenderem o contexto e a lógica das minhas decisões, fortalecendo a confiança e o respeito mútuo.

Incentivo à colaboração: 1) sempre busquei promover uma cultura de colaboração na qual os membros da equipe possam trocar ideias e perspectivas. A colaboração eficaz é uma habilidade vital na liderança e na tomada de decisões; e 2) fomento uma cultura de compartilhamento de ideias ao mesmo tempo que contribuições individuais são valorizadas. Isso ajuda a criar um ambiente onde as perspectivas individuais são vistas como ativos valiosos para o sucesso coletivo.

Delegação de responsabilidades: 1) para promover a aprendizagem e um senso de responsabilidade, delego tarefas e atribuo responsabilidades específicas para cada um da equipe de acordo com suas competências e fortalezas. Isso me ajuda a construir uma relação de confiança mútua; 2) em alguns casos me atento a delegar responsabilidades desafiadoras que podem exigir um esforço extra, mas que também possibilitam o crescimento pessoal, além de contribuírem para aumentar a motivação.

Empoderamento e desenvolvimento pessoal: 1) procuro dar autonomia ao time, isso aumenta o sentimento individual de responsabilidade e contribui para um senso de propriedade em relação às metas estabelecidas; 2) evito ao máximo microgerenciar, ou seja, prefiro capacitar a equipe para o desenvolvimento individual, estabelecer metas claras, porém dando liberdade para que cada um explore suas próprias formas e soluções, promovendo, assim, um senso de propriedade; e 3) incentivo e apoio para que cada um busque o seu desenvolvimento pessoal e profissional com qualidade, bem como motivo que se sintam capacitados a tomarem decisões e assumirem responsabilidades, o que geralmente resulta em uma equipe mais competente, proativa e confiante.

Escuta ativa: essa é difícil, mas me esforço para praticar a escuta ativa, demonstrando interesse genuíno nas ideias e preocupações dos integrantes da minha equipe. Isso não apenas constrói confiança, mas também promove um ambiente no qual as pessoas se sentem valorizadas. O mais difícil é lembrar que não é preciso somente adotar comportamentos positivos, mas que comportamentos não verbais influenciam o tempo todo e isso abrange tudo aquilo que é transmitido sem palavras: expressões faciais, gestos, postura e linguagem corporal. Coordenar tudo isso nem sempre é fácil, mas, quanto mais pratico, mais consigo ter compaixão e criar a conexão necessária para melhorar a minha escuta.

Compaixão e conexão como forma de inspirar: tento me conectar emocionalmente com minhas equipes. A compaixão e a habilidade de compreender as emoções e perspectivas dos outros me ajuda a criar laços significativos. Tenho um interesse genuíno no bem-estar de minhas equipes, isso me ajuda nessa conexão e por vezes auxilia a criar entusiasmo no grupo.

Reconhecimento e valorização: descobri que o reconhecimento, quando sincero, é uma ferramenta poderosa na caixa de liderança inspiradora, por isso celebro os grandes marcos assim como os esforços diários. Quando os membros da equipe se sentem valorizados, desenvolvem um sentido de pertencimento que alimenta o engajamento e a dedicação. Um ponto importante aqui é lembrar que cada um se sente reconhecido e valorizado de forma diferente, então busco conhecer cada um para entender como tocar cada coração. Achar que o reconhecimento público ou o reconhecimento financeiro pode servir para todos é um erro. Muitos podem preferir participar de um projeto mais desafiador, conhecer outras áreas mais de perto ou tirar um dia de folga, por exemplo. Conhecer o que toca cada um também faz uma grande diferença na liderança.

Resolução construtiva de conflitos: conflitos são inevitáveis em qualquer equipe, então tento encarar como uma oportunidade para crescer. Lidar com problemas enquanto ainda estão em estágios iniciais também pode evitar que se tornem mais difíceis de resolver posteriormente. Para lidar com isso, incentivo a resolução de maneira construtiva, colaborativa e buscando soluções que beneficiem a equipe como um todo e tenham um entendimento mútuo. Desenvolver minha capacidade de lidar com conversas difíceis e cruciais tem sido muito importante para conduzir de forma mais adequada essas situações.

Mentalidade de crescimento, resiliência e adaptação: 1) tento encarar os desafios como oportunidades de crescimento, mantendo uma mentalidade positiva. Isso me ajuda a motivar a equipe a superar obstáculos. Em tempos de mudança, tento fortalecer minha resiliência a cada minuto para enfrentar melhor esses desafios com uma mentalidade de aprendizado e adaptabilidade; 2) como acredito que a capacidade de adaptação é uma característica fundamental para o sucesso no mundo atual, sempre que possível busco motivar o time a trazer soluções inovadoras que não apenas são uma oportunidade para abertura de um novo caminho, como também podem ajudar a superar algumas dificuldades; e 3) reconheço a importância da aprendizagem contínua e do desenvolvimento pessoal, por isso cultivo junto ao time uma mentalidade de crescimento e uma busca constante de oportunidades para evoluir. Essa mentalidade de crescimento cria oportunidades para a equipe, mesmo durante períodos de crise, mas, para influenciar essa mentalidade, preciso garantir que não culpo os esforços desperdiçados nem procuro culpados em lugar nenhum.

Foco nas pessoas: li em algum lugar que o foco é um estado mental em que prestamos atenção a uma única tarefa e ignoramos distrações externas. Em um ambiente de trabalho acelerado como nos dias de hoje, isso significa que o verdadeiro foco é muitas vezes um ato de priorização, pois, para se concentrar em uma coisa, é preciso ignorar muitas outras. Concordo muito com esse pensamento, e ter as pessoas como meu foco, como o centro da minha abordagem tem sido essencial na minha jornada de liderança inspiracional. Como as pessoas são o centro da minha abordagem, busco criar um ambiente de trabalho onde todos se sintam valorizados, dedico tempo para construir um relacionamento sólido com minha equipe, incentivo o diálogo aberto e a confiança para que eles se sintam confortáveis em compartilhar quaisquer problemas que possam afetar o desempenho. Busco realizar reuniões individuais periódicas para conhecer cada membro da equipe e suas aspirações profissionais, ajustando, dessa forma, a atribuição de tarefas para que se adeque às expectativas e habilidades de cada colaborador. Também estou frequentemente dando e pedindo *feedbacks*, porque entendo que é uma forma de focar o suporte para o crescimento de cada um.

Eu poderia continuar contando um pouco de como busco liderar, mas uma certeza que tenho é que a cada momento, a cada pessoa, a cada situação, em cada empresa, em cada cultura, é importante entender qual habilidade pode ajudar melhor. Aprender a me adaptar e adaptar minha forma de liderar para inspirar tem sido uma das chaves para meu sucesso.

O que aprendi

Na minha busca como líder, tive muitos aprendizados pessoais que hoje me ajudam no dia a dia e me fazem crescer como pessoa e profissional.

Tem sido muito importante manter um equilíbrio dinâmico, alternando prioridades da minha vida pessoal, profissional e familiar a cada momento. Esse equilíbrio me manteve saudável física e mentalmente, feliz e motivada. Só é possível que os outros se sintam bem com minha liderança quando eu estou bem. Ninguém pode dar o que não tem.

A importância do autoconhecimento e da autoconfiança é enorme para mim. Precisei ter clareza do que quis e quero, planejar muito, buscar ajuda sempre que necessário, mas sobretudo mudar o rumo quando foi necessário e sempre aceitar as minhas escolhas. Todas as vezes em que eu estive pronta para os desafios, quando as oportunidades apareceram me abriram muitas possibilidades e, sobretudo, me abriram a mente.

Sejamos mutantes. Foi necessário que eu continuasse sempre a nutrir a liberdade de escolha do que quis e quero fazer, além de saber enxergar a oportunidade no risco. Ter coragem para agir tem sido mais importante do que saber fazer. Isso me fez ir em frente! Mas foi importante escolher onde despender minha energia.

A cada passo que dei foi necessário nutrir a liderança positiva e uma cultura de transformação, apoiando o crescimento de novos talentos, fortalecendo a diversidade e a inclusão e, acima de tudo, sempre com ética e de acordo com meus princípios e valores.

Buscar junto ao time uma visão inspiradora, a busca pela inovação, o empoderamento e a agilidade estratégica foram elementos que me catapultaram até este momento. E que orgulho ter chegado até aqui!

Posso inspirar você um pouquinho?

Como já deu para perceber, não tenho uma receita, mas compartilhar o que funcionou comigo pode ser um começo.

Enfrente os desafios e os abrace como oportunidades de crescimento, para você e o seu time.

Isso possivelmente vai ajudá-lo a ser um líder transformador que pode moldar o destino de uma organização, inspirando equipes a alcançarem grandes conquistas.

Tenha clareza sobre a sua estratégia, planeje e entenda o que precisa fazer. Isso vai ajudar você a dar precisão e a ter conexão com o time, que poderá ter um propósito claro e trabalhar em colaboração para o sucesso.

Não adianta fazer se não mostrar: crie sua *digital footprint*, dê visibilidade ao seu time e saiba comprovar a eficiência e eficácia do trabalho de cada um. Isso impulsiona o crescimento de muitos e, quanto mais gente competente você tiver ao seu lado, mais a sua estrela vai brilhar.

Sempre e frequentemente crie seu ecossistema: alimente reciprocidade e crie parcerias frutíferas. Sozinho é bem mais difícil chegar a qualquer lugar.

Feedback, feedforward, mentoring, coaching... Se você aprender a importância dessas coisas, poderá escutar dicas valiosas e fazer a diferença na vida de muita gente.

Você pode falhar, mas precisa também aceitar as falhas do seu time. Faça isso quantas vezes forem necessárias, mas aprenda com seus erros e ajude os outros nisso. Só não vale desistir!

Todos precisamos estar cientes das nossas fraquezas e saber gerenciá-las, nossas maiores oportunidades para o sucesso estão em construir e reforçar nossos talentos naturais (80/20). Lembre-se disso quando estiver apoiando o desenvolvimento de seus liderados e os ajude a enxergar suas fortalezas.

Questione e permita ser questionado: tanta coisa que a gente já viveu, mas que precisa ser questionada. Novas regras significam reaprendizagem contínua e infinitas possibilidades.

Não se contente em ser como está! Impulsione seu movimento e a inovação do time.

Acredite, você é bom! Mas sempre tem mais para aprender.

Divirta-se sempre que for possível e seja feliz!!! Só assim poderá inspirar os outros e deixar a sua marca da sua forma.

Desafiando o *status quo!*

Quero ser e sou diferente, não busco caixas e padrões. Busco o que funciona para mim, faço minhas escolhas, busco usar minhas fortalezas a favor do time, do meu crescimento e de cada individuo que trabalha comigo, busco liderar em direção ao sucesso da minha empresa. Não deixo que a vida faça isso por mim.

Todos os dias me sinto como uma líder que busca desafiar o *status quo*! Isso é sempre um novo começo, porque é aí que as regras são questionadas e desafiadas. Tudo que nos trouxe até aqui foi muito legal, mas não vai garantir o nosso futuro.

Tento a cada dia tomar o rumo que me faz uma dessas líderes que amanhã será lembrada por outros como uma líder inspiradora e colaborativa.

Isso para mim é a medida do sucesso. Poderia até dizer que eu cheguei aonde eu queria lá no começo: ser uma executiva de sucesso. No entanto, eu quero mais, muito mais! Não o sucesso por si só, mas sim inspirar mais pessoas e principalmente mulheres nesse caminho!

Então, se permita! Faça coisas diferentes! Tente, erre, acerte, erre e continue tentando! Acostume-se a reaprender, mas não se esqueça que antes você precisa desaprender algumas coisas! Saia da sua zona de conforto! Aproprie-se das suas decisões com ônus e bônus. Desafie o *status quo*! Você não precisa entrar em nenhuma caixa de padrões, só precisa ser ética e lembrar de redirecionar sempre que necessário!

E, principalmente, seja protagonista de sua própria história!

Quero dedicar este capítulo a todos os líderes que passaram e irão passar pela minha carreira, para todos que buscam mudar o *status quo* e para as líderes mulheres maravilhosas que assim como minha irmã, Lili, e minha mãe, Tania, me inspiram a ser cada dia uma líder melhor.

E aí, vamos juntos para onde?

> "There are things known and there are things unknown and in between are the doors of perception."
>
> Aldous Huxley

Habilidades de liderança

Luiza dos Santos Rubio

Luiza é apaixonada e especialista no tema desenvolvimento de pessoas, com pós-graduação em Gestão de Negócios, MBA em Gestão de Pessoas e com mais de 15 anos de experiência em Recursos Humanos, tem atuado de maneira transformadora na criação de equipes de alta performance em grandes organizações e *startups* inovadoras. Luiza acredita que a verdadeira liderança busca constantemente a utopia de equilibrar a entrega de resultados com o cuidado genuíno pelas pessoas. Defensora do aprendizado contínuo, Luiza é entusiasta do crescimento pessoal e inspira futuros líderes a se tornarem agentes de transformação, compartilhando seu conhecimento em Gestão de RH, Inteligência Emocional, Liderança e Comunicação Não Violenta.

LINKEDIN

Introdução

Nossa vida é feita de certezas e incertezas. Como líderes, precisamos estar preparados para ler o contexto, tomar as melhores decisões com base nas informações disponíveis, nos adaptar e guiar o time da melhor maneira possível. Não é uma tarefa fácil; é essencial ter resiliência, adaptar-se aos diversos cenários e maturidade para buscar o equilíbrio nas situações mais adversas, administrando a entrega de resultados e a gestão de pessoas. Um não existe sem o outro. Precisamos das pessoas para alcançar os resultados, e precisamos dos resultados para manter as pessoas. É uma relação de troca em que ambos coexistem em um organismo vivo e intenso. Liderar é mesmo uma loucura fascinante.

Meu *case*

Como fazer o *turnaround* em uma empresa de turismo em meio à pandemia? Momentos complexos envolvem respostas desafiadoras e, em meio ao caos, decisões difíceis precisam ser tomadas.

Era março de 2020 quando a pandemia de Covid-19 chegou. Fronteiras foram fechadas, voos cancelados e ninguém podia sair de casa. Nos perguntávamos se era algo que logo passaria ou se duraria mais tempo. Quanto tempo? Em três meses, a vida voltaria ao normal? Seis meses? Um ano? E agora, o que fazer com as pessoas? Como cuidar delas? Teríamos dinheiro para sobreviver até o fim do ano e manter o negócio funcionando? Como lidar com um cenário tão complexo?

Caos é a palavra que define estar em uma empresa de turismo durante uma pandemia. Não tínhamos ideia do que iria acontecer, mas sabíamos que atuar no turismo quando ninguém podia viajar seria desafiador.

O time tinha 450 pessoas, e eu, três anos de empresa. Ajudei a construir todas as práticas de gestão de pessoas, processos e performance. Já tínhamos passado por outras situações complexas, como a falência de uma companhia aérea, mas nada se comparava a uma pandemia como a Covid-19.

Diante desse cenário, começamos a entender o que precisávamos fazer e quais seriam os próximos passos: revisar e negociar com fornecedores, olhar ferramentas, negociar contratos, e, entre todas as iniciativas, uma que nenhum profissional de Recursos Humanos deseja: fazer um desligamento em massa. Foi necessário desligar um número significativo de pessoas para garantir a sobrevivência do negócio, manter os outros empregos e reerguer a empresa nos tempos difíceis que estavam por vir.

A execução do *turnaround*

Sabíamos que, para realmente dar a volta por cima,

precisaríamos de uma estratégia robusta e bem planejada. O processo envolveu quatro macroetapas críticas:

1. Revisão de processos e custos

Começamos revisando todos os processos e custos da empresa. Precisávamos identificar onde poderíamos cortar despesas sem comprometer a qualidade dos nossos serviços. Renegociamos contratos com fornecedores, pausamos projetos não essenciais, revisamos e negociamos todos os contratos e otimizamos o uso das ferramentas existentes.

2. Execução do *layoff*

Não é porque tomamos decisões difíceis que vamos executá-las de qualquer jeito. A forma como fazemos é tão importante quanto o que fazemos, e como líderes precisamos ter consciência disso. Sim, tínhamos um desafio enorme pela frente, mas eram pessoas que precisavam ser cuidadas. Nesse cenário, começamos um plano para que o *layoff* ocorresse com o menor impacto possível. Iniciamos um trabalho com toda a diretoria para entender quem seriam as pessoas desligadas, pensar no pacote de saída e na retomada do negócio, como acolher os líderes e o time, apoiar quem estava saindo e cuidar de quem estava ficando. Um trabalho que deveria ser feito em meses foi realizado em semanas. Como área de RH e liderança, fizemos todos os desligamentos de maneira simultânea. É um momento difícil para todos: para quem sai, para quem fica e também para quem desliga. Por isso, é importante cuidar para que seja feito com o menor impacto possível. (Sim, vai ter impacto; não importa quão bem você conduza o processo, pessoas são impactadas.)

No livro *O lado difícil das situações difíceis*, de Ben Horowitz, o autor enfatiza a importância de tratar as pessoas com respeito e transparência durante os processos de desligamento. Ele sugere que, mesmo quando decisões difíceis são necessárias, a comunicação clara, a empatia e o suporte contínuo podem fazer uma diferença significativa na forma como os desligamentos são recebidos e processados pelos colaboradores.

A abordagem foi apoiada em alguns pontos-chave:

Definição do momento: Estruturamos para que tudo fosse feito em um único dia e horário. Isso foi crucial para minimizar a ansiedade e o estresse entre as pessoas, evitando a sensação de incerteza contínua sobre quem seria o próximo a ser desligado. Esse *approach* ajudou a manter a transparência e a confiança no processo.

Pacote de saída: Desenvolvemos um pacote de saída, incluindo:

- **Apoio à recolocação**: Oferecemos revisão de LinkedIn e currículos, guias de apoio à recolocação, listas de cursos gratuitos e ferramentas on-line para capacitação.

- **Benefícios específicos**: Considerando as diferentes áreas da empresa, disponibilizamos benefícios específicos para quem saía.

- **Comunicação clara**: Garantimos que cada pessoa desligada recebesse uma comunicação clara sobre os próximos passos, seus direitos e os recursos disponíveis.

Capacitação dos líderes: Treinamos os líderes para conduzirem os desligamentos com empatia e profissionalismo. A capacitação incluiu simulações para lidar com situações difíceis, técnicas de acolhimento e apoio durante o processo.

Reorganização do time e apoio a quem fica: Depois dos desligamentos, era crucial cuidar de quem ficava. Realizamos reuniões de alinhamento para explicar as razões dos desligamentos, visão de caixa e receita, os próximos passos e as expectativas para o futuro. Redefinimos papéis e responsabilidades para garantir que as operações continuassem sem interrupções. Realizamos diversas conversas com os colaboradores que ficaram, ajudando-os a lidar com o estresse e a ansiedade causados pelo processo.

3. Capacitação e desenvolvimento: engajamento de quem fica no time

Após os desligamentos, tornou-se vital manter o ânimo e o engajamento do time que permaneceu. Estabelecemos uma comunicação transparente e contínua, realizando reuniões frequentes para compartilhar atualizações e planos futuros. Essas reuniões não apenas mantinham todos informados sobre as mudanças e estratégias em andamento, mas também ofereciam um espaço para que os colaboradores expressassem suas preocupações e sugestões, fortalecendo o senso de comunidade e coesão.

Disponibilizamos suporte emocional e psicológico, reconhecendo o impacto que a situação tinha sobre todos. Nos aproximamos ainda mais dos times e líderes, oferecendo apoio e aconselhamento, além de *workshops* sobre resiliência e bem-estar. Reconhecemos que o estado emocional dos colaboradores influenciava diretamente sua produtividade e engajamento, por isso investimos em criar um ambiente de apoio e compreensão.

Ademais, incentivamos o desenvolvimento contínuo ao proporcionar acesso a plataformas de aprendizado on-line, contando com parceiros que ofereceram cursos, e divulgamos curadoria de cursos gratuitos, permitindo que os colaboradores aprimorassem suas habilidades em seu próprio ritmo.

Esse enfoque na capacitação e no desenvolvimento pessoal e profissional não só ajudou a manter o engajamento e moral elevados, mas também preparou a equipe para enfrentar futuros desafios com confiança e competência. Dessa forma, conseguimos transformar um momento de crise em uma oportunidade de crescimento e fortalecimento organizacional.

4. Inovação e tecnologia

Com a pandemia, enfrentamos uma restrição significativa nas viagens, forçando-nos a repensar nossos métodos de operação para manter a eficiência e sustentabilidade da empresa. A crise nos impeliu a acelerar nossa transformação digital e a adotar soluções inovadoras que assegurassem a continuidade do negócio.

Investimos em tecnologias que facilitassem a comunicação e a colaboração remota, permitindo que nossas equipes mantivessem uma comunicação fluida e eficaz, independentemente de onde estivessem trabalhando. Isso foi essencial para preservar a sinergia e a produtividade em tempos de isolamento social.

Reorganizamos todo o nosso *roadmap* para focar pontos críticos que poderiam ser desenvolvidos mesmo em meio ao caos. Buscamos evoluir no atendimento e experiência do cliente, investindo em interfaces de usuário mais intuitivas e em atendimento. Criamos *chatbots* e assistentes virtuais disponíveis 24/7.

A capacitação de nossas equipes foi outro ponto focal. Reforçamos programas de treinamento on-line, preparando nossos líderes e colaboradores para utilizar as novas tecnologias e para lidar com as mudanças no ambiente de trabalho. Esses treinamentos não só melhoraram as habilidades técnicas dos nossos funcionários, mas também fortaleceram sua capacidade de adaptação e resiliência.

Mesmo durante a crise, mantivemos a convicção de que a pandemia acabaria e que as pessoas voltariam a viajar. Com essa certeza, trabalhamos para fortalecer a marca. Estabelecemos parcerias estratégicas com empresas de tecnologia e turismo. A flexibilidade e a adaptabilidade tornaram-se princípios fundamentais no nosso dia a dia. Adotamos práticas ágeis que nos permitiram responder rapidamente às novas situações e necessidades do mercado. Essa agilidade tornou-se um diferencial estratégico, permitindo-nos não apenas sobreviver, mas prosperar em tempos de incerteza. Nossa abordagem proativa e adaptável nos preparou para um futuro promissor, consolidando nossa resiliência e capacidade de inovação.

Framework para o líder de RH

Para enfrentar os desafios e implementar todas essas estratégias, seguimos um *framework* claro e objetivo para o RH, fundamentado nos princípios de ser Útil, Simples, Rápido e Humano. Este *framework* é uma adaptação de um treinamento de agilidade do qual participei, e pode e deve ser aplicado em qualquer contexto de RH.

Útil: Enfatizamos a geração de valor em todas as nossas propostas de RH. Cada decisão e cada ação são meticulosamente planejadas para realmente agregar à empresa e aos colaboradores, assegurando que estamos efetivamente fazendo a diferença. A utilidade das nossas iniciativas é medida pelo impacto positivo que elas geram tanto na organização quanto nas pessoas que dela fazem parte.

Simples: Desburocratizamos processos e trouxemos simplicidade às nossas ações. A clareza e a simplicidade são essenciais para que todos compreendam o que está acontecendo e o que precisa ser feito. A eliminação de complexidades desnecessárias facilita a execução das tarefas e permite uma melhor compreensão e adesão por parte de todos os colaboradores.

Rápido: Priorizamos a agilidade nas nossas respostas e ações. Mesmo que a resposta seja negativa, é crucial fornecer um retorno rápido para não deixar as pessoas em um estado de incerteza constante. A prontidão nas comunicações e na implementação de soluções promove um ambiente dinâmico e adaptável, essencial para enfrentar os desafios com eficácia.

Humano: Tratamos todas as pessoas com humanidade e respeito durante toda a jornada, do *onboarding* ao *offboarding*. Reconhecemos que cada colaborador é um ser humano enfrentando suas próprias dificuldades e que nosso papel é apoiá-los da melhor forma possível. A empatia e o cuidado são princípios norteadores em nossas interações, assegurando que cada pessoa se sinta valorizada e compreendida.

Esse *framework* orienta nossas ações cotidianas e também fortalece a cultura organizacional, promovendo um ambiente de trabalho mais colaborativo, eficiente e humano.

Resultado e impacto

Após implementar essas estratégias, começamos a observar resultados notavelmente positivos. Conseguimos reduzir custos de maneira significativa, ao mesmo tempo que aumentamos a eficiência e a inovação em nossos serviços. O engajamento e o moral da equipe melhoraram substancialmente, graças ao suporte constante e à comunicação frequente e transparente.

As novas competências adquiridas permitiram que a equipe se adaptasse rapidamente às mudanças e desempenhasse um papel crucial na recuperação da empresa. O time permaneceu unido, demonstrando uma resiliência admirável e um espírito colaborativo que foi fundamental para superar os desafios. A empresa teve um *turnover* muito baixo no período pós-demissões, o que indicou que os colaboradores valorizavam o cuidado e a atenção dedicados durante todo o processo.

Os colaboradores se sentiram desenvolvidos e apreciados, não apenas pelo suporte oferecido, mas também pelas oportunidades de crescimento profissional proporcionadas. Eles valorizaram o cuidado demonstrado durante o processo de desligamento e ao longo de toda a jornada na empresa, o que fortaleceu a confiança e a lealdade dentro da organização.

O trabalho em equipe foi essencial para reerguer o negócio. Em poucos meses, a empresa começou a mostrar sinais de estabilidade. O espírito de colaboração e o comprometimento do time permitiram que a empresa não apenas sobrevivesse, mas também prosperasse em um ambiente extremamente desafiador.

Conclusão e conselhos

Essa experiência reforçou a importância de estar preparado para o inesperado e de ter uma equipe resiliente e comprometida. Atravessar essa crise foi um verdadeiro teste de liderança e gestão, mas os resultados demonstraram que, com a estratégia correta e um enfoque humano, é possível transformar desafios em oportunidades de crescimento e fortalecimento organizacional.

A experiência de conduzir um *turnaround* em meio a uma pandemia reforçou diversas lições de liderança que são aplicáveis em qualquer contexto. Aqui estão as principais conclusões que tirei deste processo em relação a competências de liderança:

- **Adaptabilidade**: Líderes precisam ser capazes de se adaptar rapidamente às mudanças e ajustar suas estratégias conforme as circunstâncias evoluem. Em tempos de crise, a flexibilidade e a capacidade de mudar de rumo rapidamente são essenciais para a sobrevivência e o sucesso.

- **Resiliência**: Lidar com a incerteza pode ser estressante, e os líderes devem demonstrar resiliência para manter a confiança de suas equipes. A resiliência ajuda a atravessar os momentos difíceis e a se recuperar rapidamente das adversidades.

- **Visão e comunicação claras**: Ter uma visão clara e comunicá-la eficazmente ajuda a manter a direção e a motivação em tempos incertos. A clareza na comunicação constrói confiança e alinha todos em torno dos mesmos objetivos.

- **Tomada de decisão ágil**: A capacidade de tomar decisões rápidas e eficazes é essencial quando as condições mudam constantemente. Decisões lentas podem levar à paralisia e a oportunidades perdidas.

- **Liderança humanizada**: Tratar o outro com humanidade, mesmo tomando decisões difíceis, faz parte do trabalho de liderar. Respeito e empatia não são sinais de fraqueza, mas sim de força. Eles criam um ambiente onde as pessoas se sentem valorizadas e apoiadas.

- **Equilíbrio entre resultados e pessoas**: Uma utopia que precisa ser buscada para manter o equilíbrio. Resultados não existem sem pessoas, e pessoas não podem ser pagas sem resultados. Esse equilíbrio é o alicerce de uma liderança eficaz e sustentável.

Finalização do capítulo

Como você trata as pessoas faz toda a diferença. O olho no olho, o cuidado e a empatia. Não é apenas o que você faz, mas como faz, e mesmo em situações adversas é possível demonstrar esse cuidado.

A liderança pode ser comparada à atuação do operador de um carrossel, onde altos e baixos fazem parte da jornada. Nosso papel é garantir que a experiência seja a melhor possível para todos, enquanto mantemos um foco claro em alcançar resultados. No carrossel, há momentos de subida, onde se pode ver tudo de uma perspectiva elevada e sentir a emoção do movimento ascendente. Da mesma forma, na liderança, os altos representam os momentos de sucesso, realização e crescimento. No entanto, o carrossel também desce, trazendo-nos de volta ao nível do solo. Esses baixos na liderança representam os desafios, as crises e os momentos de introspecção. São os tempos difíceis que exigem resiliência e coragem para liderar e superar.

Como operadores do carrossel, líderes têm a responsabilidade de controlar o ritmo do passeio. Devem estar atentos às necessidades de todos os *stakeholders*, garantindo que a experiência seja a melhor possível. Na liderança, isso se traduz em tomar decisões equilibradas, gerenciar recursos com sabedoria e cuidar do bem-estar da equipe. Um bom líder sabe quando acelerar para aproveitar uma oportunidade e quando desacelerar para avaliar a situação. Parte desse papel também envolve tomar decisões difíceis para garantir o progresso do grupo como um todo, sempre com um olhar atento aos resultados a serem alcançados e ao ambiente criado.

O operador do carrossel tem uma visão clara do funcionamento e do que é necessário para proporcionar uma experiência agradável. Da mesma forma, um líder deve ter uma visão clara e inspiradora que guie a equipe em direção a objetivos comuns, com um foco consistente em resultados. Essa visão deve ser comunicada de forma eficaz, para que todos na equipe entendam seu papel e se sintam parte de algo maior. A clareza de propósito ajuda a manter todos alinhados, mesmo quando o carrossel da vida empresarial enfrenta descidas inesperadas.

Liderar é como operar um carrossel: envolve navegar pelos altos e baixos com habilidade e empatia, garantindo que a jornada seja repleta de aprendizado e gratificante para todos, e sempre mantendo o foco nos resultados. Ao entender e aceitar a natureza cíclica dos desafios e sucessos, como no *case* apresentado, podemos guiar nossa equipe com confiança, resiliência e uma visão clara, cuidando para que o resultado seja entregue e as pessoas se desenvolvam.

Você é o operador desse carrossel. Quais passos você pode tomar hoje para preparar sua equipe para enfrentar os altos e baixos inevitáveis da jornada empresarial?

Não importa para onde, importa com quem, mesmo que eles só venham a saber muito tempo depois

Marcelo Nóbrega

Executivo com 30 anos de experiência em empresas dos setores financeiro, de petróleo, bens de consumo, transporte aéreo e alimentício. Especialista em gestão da mudança e desenvolvimento organizacional e de lideranças, com projetos de transformação de estratégia e cultura em multinacionais, tanto no Brasil como na América Latina e nos EUA, no contexto de aquisições, fusões, *spin-offs* e *startups*. Atua como especialista em IA, Inovação e Tecnologia em Gestão de Pessoas. Fez parte dos conselhos da Vee Benefícios, HSPW e INNITI Executive Search. É investidor das HRTechs Allya, Pin People, Sami Health e RHeunion. É conselheiro da Assetz Expert Recruitment e 3Clicks RH e colunista da revista HSM Management. É professor em cursos de pós-graduação de gestão estratégica e inovação em recursos humanos.

LINKEDIN

A reflexão proposta pelo tema deste livro me fez recordar não apenas momentos da minha carreira, mas também tempos da escola. Durante este exercício, lembrei-me de muitas pessoas incríveis com quem tive o privilégio de estudar ou trabalhar, porém, acima de tudo, aprender e realizar. Sorri e celebrei silenciosamente conquistas e objetivos alcançados.

Trabalhando em RH, entrevistei muita gente ao longo da minha carreira. Colaborei com colegas na estruturação de equipes e, naturalmente, contratei pessoas para trabalhar diretamente comigo. Ao longo dos anos, ganhei reconhecimento pela minha habilidade para identificar profissionais talentosos. De fato, hoje posso contar várias empresas que possuem diretores de RH com quem tive o privilégio de trabalhar. Essa constatação me enche de gratidão e orgulho.

Mas vou tomar outra direção.

Neste capítulo, decidi compartilhar três momentos valiosos de mentoria que moldaram minha visão do mundo do trabalho e explicam decisões que tomei. Não foram mentorias no formato como intencionalmente as praticamos hoje, mas cumpriram muito bem o seu papel. Tampouco foram com pessoas que me acompanharam por muito tempo.

Antes, uma palavra sobre mentoria

Acredito que a popularização da mentoria deve muito aos empreendedores das *startups* de tecnologia do Vale do Silício que, no afã de crescer exponencialmente, se deram conta de que aprender com os erros dos outros é muito mais barato, rápido e seguro. Essa prática se espalhou pelo mundo corporativo e já são muitas as empresas que implementam programas de mentoria. Eu mesmo tenho a oportunidade de participar como mentor em várias empresas, grandes e pequenas, de diferentes setores, de capital aberto ou fechado, brasileiras ou multinacionais. Em resumo, toda empresa e todo profissional podem beneficiar-se dessa forma de aprendizado.

Como o conceito de mentoria é aprender com alguém mais experiente, não é necessário que sua empresa ofereça um programa formal. Basta você ter a iniciativa de procurar alguém para uma conversa. Mentoria é uma maneira eficaz de acelerar o aprendizado sobre qualquer tema, seja gestão de pessoas, finanças, empreendedorismo, IA ou resolução de conflitos. Exige apenas curiosidade e humildade para pedir ajuda.

E lhe garanto que você encontrará, com certa facilidade, alguém disposto a compartilhar suas experiências e conhecimentos. Afinal de contas, um relacionamento de mentoria é uma oportunidade de crescimento tanto para o mentor quanto para o mentorado.

Que tal sair da caixinha ou da sua zona de conforto? Com quem você interage? Expanda sua rede de relacionamentos e inclua pessoas com diferentes formações, áreas de atuação, interesses e perspectivas.

Aprendizagem é um jogo de ligar os pontos

Algumas conversas podem não fazer sentido no momento, mas um dia os pontos se conectam. Lembra-se da brincadeira, em que você desenhava um traço seguindo a ordem numérica até que uma bela gravura se revelava? É assim que funciona: é preciso estar aberto a novas perspectivas e experimentações, com as antenas ligadas para o que o mundo oferece.

Expanda sua visão periférica. Um exemplo disso é o currículo da universidade onde estudei Engenharia de Sistemas, que incluía história da arte e literatura contemporânea. Um contraexemplo, talvez exagerado, é o humorista que diz que estudar equações de segundo grau nunca lhe serviu para nada. Por isso, ele não entende como redes neurais funcionam e está assustado com a Inteligência Artificial, que foi o assunto da piada seguinte.

Por fim, o aprendizado se materializa quando o colocamos em prática. Portanto, tenha coragem de colocar de lado a sua receita de sucesso e realizar alguns experimentos.

E as minhas histórias?

Ao mestre, com carinho

Eu ainda era muito jovem quando fiz o curso de Teoria da Computação com o professor Daniel Cohen na Universidade de Columbia, nos EUA. Embora tenha se passado muito tempo, lembro-me de muitas de suas aulas, e, em especial, de uma conversa particular.

Não me recordo exatamente do ano, mas talvez tenha sido 1986. Eu tinha 20 anos, portanto, e estava deslumbrado com a independência que a vida universitária, ao mesmo tempo, nos oferece e exige. Um novo mundo se abre quando você deixa a estrutura rígida do ensino médio. O estudante passa a ter autonomia para escolher as matérias que vai cursar, montar sua agenda, deslocar-se pelo *campus* para assistir às aulas e precisa de disciplina para estudar e fazer provas e projetos que são exigidos pela nova dinâmica do ensino superior. Perde-se a intimidade com os professores. Por outro lado, o novo ambiente apresenta uma infinidade de atividades que competem pela atenção do aluno: esportes, atividades extracurriculares e festas – ah, as festas.

Foi muita novidade de uma só vez. Tudo mudou: o meu país, cidade, escola, professores, colegas e amigos, interesses. Era muito para conhecer, explorar, aproveitar. Com tantas distrações, não obtive boas notas no meu primeiro semestre em Columbia.

Uma pessoa com verbete na Wikipedia merece respeito. Mais de 30 anos depois, o professor Cohen é um acadêmico reconhecido. Formou-se em Matemática em Princeton e completou o doutorado em Harvard. Publicou livros e lecionou por décadas no Hunter College, onde foi um dos fundadores do departamento de Ciência da Computação. Ele dá nome a um prêmio de excelência acadêmica que reconhece o melhor aluno da instituição a cada ano. Fala oito idiomas. Suas aulas prendiam nossa atenção. É curioso que sua foto no site do Hunter College seja ao lado de Hillary Clinton.

Como professor visitante, seu compromisso com Columbia era ministrar apenas um curso durante aquele semestre. E, depois, voltar ao Hunter College. Ou seja, não precisava assumir muitos compromissos conosco, seus alunos. No entanto, não foi assim. Surpreendentemente, o prof. Cohen solicitou uma reunião individual com cada um de nós logo no início das aulas. E éramos mais de 40! De primeira, não entendi sua motivação, já que não estaria lá no semestre seguinte.

Marquei o horário e fui para a reunião meio despreparado, sem saber o que esperar. Em menos de 30 minutos, o professor deixou sua marca.

"O que você vai fazer depois de se formar?", perguntou.

Com a ingenuidade e impetuosidade características dos jovens, disse algo parecido com "ainda faltam dois anos e estou me divertindo muito pra pensar nisso agora. Vou resolver quando chegar a hora".

Ele incorporou o coelho da Alice: "Se você não sabe aonde quer chegar, qualquer caminho serve. Não se desaponte no futuro".

Aquilo foi um soco no estômago e desde então tenho objetivos profissionais e pessoais que são revisados periodicamente. Você nunca vai me ouvir dizer "ah, eu gostaria muito de visitar a Austrália". Em vez disso, mostrarei as fotos da minha viagem ou o plano para concretizar o meu objetivo. O plano deve contemplar os recursos que você precisará e as etapas para chegar lá. Para o exemplo de uma viagem à Austrália, o plano terá algumas das etapas abaixo:

- Estudar inglês;
- Economizar dois mil dólares;
- Tirar meu passaporte;
- Tirar o visto;
- Pesquisar voos e hotéis;
- Desenhar o roteiro da viagem;
- Reservar voos e hotéis.

Idealmente, cada passo terá uma data para conclusão. Fazendo isso para todos os seus objetivos, você terá uma visão clara de priorização, disciplina e recursos necessários. E poderá fazer escolhas. Se você não é muito organizado, use um aplicativo de planejamento pessoal. Com disciplina, tenho certeza de que você, assim como eu, alcançará muitos dos seus objetivos.

Infelizmente, nunca mais encontrei Daniel Cohen.

#valeuprofessor

A (não) decoração do meu espaço de trabalho

Minhas mesas de trabalho sempre foram extremamente simples e desprovidas de qualquer peça decorativa de cunho pessoal. Na maioria das vezes, elas continham apenas um telefone fixo e um computador. Hoje em dia, como esses dispositivos são portáteis, não haveria nada mesmo. Nunca tive uma foto da família ou do pet sobre a minha mesa de trabalho ou um diploma pendurado na parede. Também não exibia bonequinhos, presentes, troféus ou lembranças de eventos ou viagens.

Naturalmente, isso chamou a atenção de algumas pessoas. "Como o Marcelo, que é de RH, não tem nenhuma foto sobre a mesa?". Então, para não deixar tudo tão monocromático, colocava um porta-canetas e algum objeto com o logo da empresa sobre a mesa.

Nunca precisei de gavetas ou armários para guardar impressos, livros ou materiais de cursos. Brindes recebidos de clientes ou fornecedores eram rapidamente doados ou sorteados entre os membros da equipe. Em casa é a mesma coisa. Acho que seria um bom ajudante para os apresentadores daqueles programas de TV que procuram colocar em ordem a casa de acumuladores.

Desde o meu primeiro emprego, trabalhei em empresas que implementavam o *open space*. Desenvolvi o hábito de andar pelos escritórios e ir ao encontro das pessoas para ter conversas ao vivo. Usava pouco o telefone, e-mail ou aplicativos de mensagens. Outro hábito que valorizava muito era o de visitar as operações, onde a mágica realmente acontece. Quando trabalhei na indústria do petróleo, visitava áreas de exploração e estações de serviço. No período em que trabalhei com bens de consumo, visitava farmácias e supermercados semanalmente. Na aviação, voava para conhecer a tripulação e os agentes de terra nos aeroportos de destino. Por conta desse estilo errante, nunca vi muita utilidade em uma mesa de trabalho[1].

Credito parte desse comportamento a uma conversa com um colega no meu primeiro emprego, um banco de investimentos. Como o ambiente era *open space*, os departamentos se misturavam e todos se viam. Zé Baixinho, como ele era conhecido, era um veterano da área comercial, enquanto eu era o cara da TI. Como nossas mesas eram próximas e eu o ajudava bastante com os sistemas do banco, ele, um dia, me convidou para almoçar. Quando parei diante da sua mesa, ele me perguntou: "O que você vê aí?". Havia apenas um *rolodex* (sabe o que é?), o aparelho de telefone e o *desktop* com WordPerfect e Lotus 1-2-3 (dois *softwares* usados na pré-história). Ele abriu as gavetas: vazias.

Em seguida, pegou o paletó que estava no encosto da cadeira, me olhou de soslaio e disse em tom de confidência: "Não tem nada meu aqui. No dia em que me cansar, pego meu paletó e meu *rolodex* e mando tudo pro espaço". E saiu caminhando com passos firmes em direção ao *hall* dos elevadores e cumprimentando todos que encontrava pelo caminho. Ele era feliz no trabalho e continuou lá por muito mais tempo do que eu.

Esse comentário inesperado me deixou dois ensinamentos. Primeiro, a clareza que ele tinha sobre seu principal ativo. Como executivo comercial, seu valor estava na rede de relacionamentos, ou o *rolodex*. Todo profissional precisa reconhecer sua competência essencial (Prahalad e Hamel, 1995). Mas o que mais me marcou foi o seu desapego ou a tranquilidade com que ele disse que deixaria a empresa. Levei um bom tempo para entender o que lhe dava esse conforto.

Independência financeira – era isso. Dinheiro no banco nos permite trabalhar naquilo que gostamos sendo nós mesmos. Zé

---

[1] Anos mais tarde descobri que esse estilo de gestão (*management by wandering around*) foi primeiro implementado nos anos 70 na Hewlett-Packard. Tom Peters e Robert Waterman fizeram menção a essa prática no *best-seller* de 1982, *In Search of Excellence: Lessons from America´s Best-Run Companies*.

Baixinho me inspirou a sempre manter uma reserva financeira que me desse essa sensação de liberdade. Acredito que, graças a isso, pelo menos na maior parte do tempo, fui transparente, e transparência constrói confiança.

Não dá pra sobrar mês no final do contracheque. E demitido voluntária ou involuntariamente eu nunca precisei deixar a empresa com uma caixa de papelão cheia de pertences.

Infelizmente, nunca mais encontrei o Zé.

#valeuzé

Pode isso, Arnaldo?

Eu estava há apenas seis meses na empresa, quando recebi uma ligação do CEO. Era algo corriqueiro, se não fosse um sábado. Atendi, meio ressabiado, esperando uma má notícia. Meu susto aumentou quando ele, sem rodeios, me comunicou que estava se desligando da empresa. Ele havia acabado de completar 50 anos decidido a se aposentar. Após 15 anos vivendo como executivo expatriado na América Latina, ele resolveu mudar-se para o seu rancho no Colorado. Seu substituto já estava escolhido e chegaria ao Brasil em duas semanas. Como RH, era meu papel garantir uma boa transição.

A ligação terminou antes que eu pudesse verbalizar as verdadeiras questões que me afligiam:

"Norman, você tem apenas 50 anos, por que vai se aposentar?"

"Vai mesmo deixar a vida executiva para viver num rancho?"

"Mas você está no auge da carreira, ser CEO é o que todo executivo quer!"

"Você não gosta de viver no Brasil? Não gosta de trabalhar conosco?"

Essas perguntas martelavam a cabeça de um jovem executivo com ambição de fazer uma carreira ascendente em multinacionais. A mensagem era inconsistente com tudo o que eu havia aprendido sobre a vida corporativa.

O primeiro desconforto veio da lembrança de que eu havia sido contratado pelo Norman e, em pouco tempo, teria um novo chefe que eu não tinha escolhido. Um dos aprendizados desse momento foi: não mude de emprego baseado no contato (entrevista) com apenas uma pessoa (seu futuro chefe). Faça sua *due diligence*, investigue a empresa e converse com atuais e ex-colaboradores da empresa antes de tomar a decisão. Após juntar-se a uma nova organização, invista na construção de relacionamentos sólidos com seus colegas e equipe. Desta maneira, você corre menos risco de ficar "órfão".

Os aposentados que eu conhecia vestiam pijama. Por isso, não conseguia conceber o Norman aposentado. Na minha visão estreita de mundo, eu trabalharia como empregado de empresas até parar por volta dos 70. Por que Norman estava parando aos 50? Era muito cedo! O que ele faria durante os muitos anos produtivos que ainda teria pela frente? A ficha que caiu foi: ele poderia fazer qualquer coisa. Dada a expectativa de vida crescente, temos tempo para explorar muitos interesses, estudar para novos diplomas, trabalhar em várias carreiras e empresas, fazer um ou mais sabáticos. Norman decidiu perseguir novos interesses enquanto ainda tinha muita energia para isso.

Por fim, o que pareceu inicialmente precipitado foi, na verdade, uma decisão tardia. Por que esperar tanto tempo para fazer aquilo que se gosta? Norman e esposa mudaram-se para o Colorado e viveram felizes para sempre. Não tenho certeza de que tenham sido inteiramente felizes nos 13 anos que viveram na América Latina.

#byenorman

Aprendizado final

É uma pena que eu tenha perdido contato com Daniel, Zé e Norman. Me intriga pensar na possibilidade de encontrá-los hoje e conversar sobre a vida. Eu aproveitaria o momento para agradecer as conversas que me marcaram e contar como o que aprendi com eles moldou minha visão e decisões de vida e carreira. Não estávamos juntos, mas eles estavam comigo.

Recapitulando o que aprendi com esses três personagens:

- Tenha objetivos e planos de ação para alcançá-los;
- Identifique a sua competência essencial;
- Desenvolva disciplina financeira;
- Trabalhe com o que gosta, mas seja desapegado;
- Expresse a sua gratidão.

Aproveite a jornada!

#ficaadica #tmj

Descomplicando o luto nas organizações

Mariana Clark

É psicóloga, com MBA em Gestão de Recursos Humanos e especialização em Saúde Mental, Perdas e Luto. Depois de 18 anos como executiva de RH, tornou-se palestrante, consultora e mentora em prevenção de adoecimentos mentais no contexto organizacional e escolar. É mentora da plataforma Top2You e colunista do *Valor Econômico*. Entre os seus clientes estão empresas de diferentes perfis e segmentos, como Natura & Co, Google, Grupo Globo, Netflix, Unimed e Senac. Fez parte, também, da equipe que atuou com a comunidade de Brumadinho (MG), com foco em Crescimento Pós-Trauma.

LINKEDIN

A segunda pergunta que mais escuto é: como você consegue dar conta de trabalhar com "isso"? Não me causa estranheza, pois as primeiras reações surgiram logo que decidi me especializar em luto, em 2017. Até as pessoas mais próximas viram nesse desejo de conhecimento e especialização algo... mórbido. Acontece que onde a maioria vê escuridão, eu vejo luz na possibilidade de oferecer acolhimento para um ser humano em sofrimento. Enquanto elas sentem aversão, eu vejo a oportunidade de ajudar alguém e prevenir ou suavizar o adoecimento. Não dá mais para ignorar o que o outro sente ou, como nos acostumamos a fazer, lançar este "incômodo" para debaixo do tapete. Vivemos uma epidemia de saúde mental, cujo impacto não se limita à pessoa ou à família em dor, mas a todo o sistema. A perda de produtividade, como resultado somente de dois dos transtornos mentais mais comuns, ansiedade e depressão, custa à economia global cerca de US$ 1 trilhão por ano. Até 2030, esse valor deve aumentar seis vezes. Você nunca se perguntou onde é que diz que o lugar em que passamos a maior parte do nosso dia não foi feito para acolher dores? Onde é que diz que ele precisa potencializar sofrimentos?

Eu já. À época, eu era gerente de RH de uma grande empresa. Ingressei nessa carreira quando ainda cursava Psicologia. Tornei-me estagiária de uma estatal e descobri a oportunidade de desenvolver uma carreira que ofertava sonhos e melhoria de vida para as pessoas. Pode ter coisa melhor do que isso?

Eu atuava em recrutamento e seleção, tendo como público-alvo jovens de baixa renda. Eu adorava perceber os olhinhos brilhando com as vagas, mas também sofria com as negativas aos candidatos. Havia claramente um impacto social, para a vida deles, e um emocional, para a minha.

Vinte anos depois, essa dualidade ainda me acompanhava. Sempre que escutava uma batidinha na porta da minha sala, acompanhada da pergunta "tem um minuto?", eu sabia que estava prestes a testemunhar uma catarse de uma hora. Eu estendia a mão para a cadeira à minha frente, fechava a porta e as cortinas e deixava uma caixa de lenços por perto. Pessoas de várias faces e gêneros, de diferentes idades e níveis de senioridade, revelavam uma parte sofrida, nem sempre relacionada a trabalho, mas a uma experiência desorganizadora, cuja existência dificultava a atuação naquele ambiente, ao lado dos colegas, do líder ou dos liderados. Muitas delas esbanjavam autoconfiança no topo da cadeia de valor, mas não ali, na minha sala, onde protegidas e acolhidas elas podiam tirar a máscara e se tornar exatamente o que eram: seres humanos.

Ao mesmo tempo que me realizava ao ver o alívio expresso no rosto do outro com o reconhecimento e validação da sua dor, eu também me frustrava por fazer esse trabalho de forma velada. Me machucava dizer para a pessoa em sofrimento: "Agora você vai secar essas lágrimas, respirar fundo e voltar para o seu trabalho como se nada tivesse acontecido". Por que eu fazia isso?

Instinto de sobrevivência e preservação. Eu sabia que o contexto organizacional era inóspito à emoção. A dor humana era uma matéria-prima desvalorizada, descartada e cancelada dentro das organizações. O orgulho que sentia de acolher as pessoas não era um valor percebido internamente. O foco deveria estar na produtividade, alcançada pela separação da vida pessoal e profissional, um mito que ainda se arrasta em muitas empresas, multiplicando sofrimentos. Hoje sabemos que 20% das pessoas ocupadas no Brasil sofrem com algum transtorno mental. Elas perdem, por ano, cerca de 51 dias de vida saudável. Isso significa que elas não são tão produtivas quanto poderiam. Elas saem perdendo, assim como os seus empregadores e o país, pois há impacto também nos impostos líquidos. Até quando vamos ignorar esses números?

Esse incômodo foi o principal motivo para iniciar uma transformação na minha carreira. Pedi demissão e me matriculei em uma especialização sobre perdas e luto. Para me rebelar contra o *status quo* organizacional, eu entendi que não podia agir somente por instinto. Eu precisava mergulhar e entender essa dor que nos desorganiza e nos reduz, muitas vezes, a pó.

Para começar, o luto não se aplica somente à morte de alguém, mas a toda e qualquer interrupção brusca de vínculo ou de rotina, como a perda de um pet, o diagnóstico de uma doença que ameaça a continuidade da vida, um aborto, uma traição, um diagnóstico de infertilidade, uma amputação, uma demissão repentina, uma mudança de país, ou aposentadoria.

O luto é uma dor que nos faz refletir, nos provoca tristeza, nos instiga a ter raiva e nos impede de ver o mundo da mesma forma. Passamos a questionar tudo, a nos sentir inadequados socialmente até com o que nos era familiar, a rever valores, a testar a qualidade dos vínculos. Você acha mesmo que uma pessoa enlutada consegue se importar com produtividade? Com reunião de trabalho? Com reclamação do cliente ou cobrança do gestor? Pode até tentar, mas o movimento já não é tão orgânico quanto antes.

É bom deixar claro que luto não é estresse, nem *burnout* ou, tampouco, depressão, ainda que muitas vezes os sintomas nos confundam. Pode, porém, desencadear um processo de adoecimento e tomar, com o decorrer do tempo, uma proporção enorme, pois todas as nossas dimensões – a cognitiva, a emocional, a física, a social, a comportamental e a espiritual – são afetadas.

Ao longo da vida, nós passamos por uma média de 15 experiências de sofrimento existencial, dor, perda ou luto. Ainda assim, não somos capazes de nos preparar para isso. Na era da informação em excesso, padecemos, olha a ironia, de falta de educação para acolher a nós mesmos e a quem precisa. Assim como acontece com alguns transtornos mentais, a maioria não recebe tratamento adequado e sofre por uma série de estigmas. Não há espaço seguro de expressão e validação dos sentimentos desencadeados por esses rompimentos – nem em nós, nem na sociedade, tampouco nas organizações. Como mudar isso?

Essa pergunta me fez desenvolver uma metodologia, que aplica as premissas da "Teoria do Apego", de John Bowlby, na relação líder e liderado, de forma a restabelecer a conexão humana, a partir de um lugar de confiança e intimidade, para ajudar na regulação emocional, principalmente diante de situações ameaçadoras. Pode soar utópico, mas o paradigma de uma empresa centrada na competitividade, com um líder voltado ao comando e controle, começou a ser quebrado na pandemia, quando o muro entre vida pessoal e profissional foi derrubado e a ameaça à vida ou a experiência da morte dilaceraram as rotinas. As organizações começaram a entender a necessidade de ser um espaço de expressão e validação, contribuindo para tornar o luto um processo de construção de novos significados, assim como uma oportunidade de crescimento, transformação e aprendizado.

Não nego: é uma mudança cultural grande. De um lado, os líderes nunca entenderam as dores individuais como parte do seu escopo de trabalho. "Não dá tempo para brincar de ser terapeuta", dizem. De outro, os funcionários sentem medo de pedir ajuda e se colocar em risco, assinando um "atestado de improdutividade". Assim, inibem-se diálogos e *feedbacks* capazes de preservar a saúde mental, ao impedir que fantasmas se proliferem com a ausência de informação, obstando a ansiedade, eliminando pensamentos persecutórios, cancelando a ruminação, aliviando o desânimo e a tristeza. Dor compartilhada, eu sempre digo, é dor diminuída.

Com essa metodologia debaixo do braço, eu resolvi voltar às organizações em um novo papel. Estruturei capacitações, mentorias e rodas de conversa com alguns objetivos: oferecer espaço de expressão e validação das nossas dores através de letramento emocional e ampliação de ferramentas de enfrentamento capazes de ampliar repertórios emocionais, com foco no protagonismo e na autorresponsabilidade. É um trabalho de formiguinha, de reconstrução de pontes derrubadas, não só por tabus, medos e inseguranças, mas também por organogramas e silos.

Afinal, assim como o líder pode atuar como base segura para o liderado, a organização pode fazer o mesmo por ele, que nada tem de super-herói, ainda que às vezes vista uma armadura. A doença é multifatorial, mas a cura é multidisciplinar, isto é, a responsabilidade pode ser compartilhada — tanto do cuidar, quanto do receber cuidado. É dessa forma que as empresas estão se reinventando para afrouxar a insegurança e oferecer acolhimento e afeto, colaborando para afastar do seu ecossistema dores e ameaças, deixando de intensificar sintomas e mitigando danos ao seu próprio futuro.

"Ela estava lá, mas ausente"

Foi assim que um diretor se referiu a uma gerente da sua equipe, cuja performance e presença despencaram bruscamente. Além do resultado, ela chegava atrasada a reuniões, mostrava-se desorganizada com as suas tarefas, permanecia apática diante da equipe. Não havia como passar despercebido o seu comportamento, mas o letramento oferecido em um mês de mentoria o fez tomar uma atitude diferente.

Em vez de acionar o RH ou esperar a avaliação de desempenho, ele a chamou para uma conversa. A gerente tentou se antecipar a qualquer decisão e pediu logo o desligamento imediato. Ele recusou. Preferiu entender o que estava acontecendo com ela. Aos poucos, ela contou sobre o diagnóstico recebido pelo sogro e a iminência de um tratamento agressivo. Ele e a esposa eram a sua rede de apoio nos cuidados com o filho. A ameaça à vida dele, as preocupações com a sogra e angústia com o bem-estar do marido e do filho desorganizaram sua rotina, bem como o seu trabalho e a sua autonomia.

Quando terminou de falar, a emoção e o cansaço dela eram visíveis. O diretor não reagiu impulsivamente. Sugeriu que fizessem juntos um exercício de respiração. Entre inspirações e expirações, ele deixou que as palavras ditas e não ditas repousassem, que as emoções fluíssem, que os batimentos cardíacos se acalmassem. Só então tomou a palavra e disse que ela não precisava se desligar. "Você precisa de tempo para pensar", disse o diretor. "Nesse momento, o trabalho não deve ser uma preocupação." Com o RH, ele conseguiu um afastamento temporário; com a equipe, o comprometimento de que, durante este período, ela não seria acionada, para que pudesse apaziguar o que sentia e se reorganizar dentro da nova realidade.

Quando retomou as atividades, ela já não estava mais no olho do furacão. A sobrecarga emocional tinha ficado para trás e a sua rotina familiar estava mais organizada. Situações como essa me fazem ter segurança para responder à pergunta que mais escuto: "Por que eu vou abrir uma conversa para a qual não tenho resposta e ainda arrisco a minha autoridade?".

Ora, no passado, esse papel não cabia às empresas e aos gestores; hoje, diante de um cenário de profundas incertezas, não há mais escolha: as organizações precisam endereçar aspectos de saúde mental e questões de acolhimento e cuidado, não por caridade, mas pela sua própria sobrevivência. Ao fomentar a ampliação de recursos de enfrentamento para a vida, as empresas ganham funcionários mais criativos, aptos a inovar e a responder a desafios cada vez mais complexos, voláteis e ambíguos.

    Essa conexão genuína também pode ser fomentada entre os integrantes do time. Ao abordar este tema durante uma capacitação para lideranças, um homem, até então taciturno, pediu o microfone e disse: "Turma, eu queria aproveitar e contar para vocês que, na semana passada, eu recebi o diagnóstico de que o meu filho é autista". Ninguém sabia, até então, da busca dele por uma resposta para os desafios do filho. Há cinco anos ele vivia em aflição, disfarçando as inseguranças. Ao expressar o que viveu, o alívio se expressou em seu rosto. Seus pares reagiram com surpresa, por não saberem o quanto ele carregava, os problemas que enfrentava na vida pessoal. Havia um sentimento comum de "trabalho com você há anos e não podia imaginar que você passava por isso". A partir daí, nasceu uma nova relação entre esse grupo. Da dor, a matéria-prima mais cancelada no mundo corporativo, surge a oportunidade de relações de confiança e de um ambiente menos aversivo, estranho e ameaçador.

    De forma geral, com ou sem apoio das empresas, todo e qualquer indivíduo, independentemente da sua posição e função no organograma corporativo, deve atuar para preservar a sua sobriedade mental, pois **o custo do cuidado é sempre menor do que o custo do reparo**. Para a pessoa e para a organização. Estudos internacionais demonstram que, para cada dólar investido na intensificação do tratamento da depressão e da ansiedade, há um retorno de quatro dólares em saúde e produtividade. Por que nos recusamos a olhar para esses números?

    Incluo nessa conta a mitigação de um dos principais problemas contemporâneos: o engajamento. O líder acolhedor tem a sua autoridade e influência aumentados. Quando a base é o afeto e o cuidado, a equipe responde com colaboração, com criatividade, com produtividade a plena potência. Ou você acha que alguém vai querer enganá-lo ou decepcioná-lo? Posso garantir que a reação é: "Meu chefe é tão incrível que eu não vou decepcioná-lo".

Logo, o trabalho que passei a fazer dentro das organizações sugere que, assim como a produção precisa ser revisitada e atualizada para não perder competitividade, a gestão também precisa ser renovada, de forma a contemplar os novos desafios impostos aos indivíduos e à sociedade como um todo. Processos obsoletos, não só na operação, causam, mais do que custos, prejuízos. O número crescente de afastamentos é prova disso. O adoecimento não influencia somente o resultado de uma pessoa, mas do time todo. Pode parecer remediável, mas cuidar do sintoma é bem diferente de cuidar da doença. A epidemia de saúde mental permeia as nossas organizações e precisa ser tratada com urgência. É preciso sanar o vazamento em vez de só adiar o problema.

Quando me perguntam como eu posso trabalhar com "isso", eu respondo: "Porque eu me emociono todos os dias". Não falo isso para gerar impacto ou para ser diferente; falo por convicção. Eu sei que eu tenho uma missão de ajudar a descomplicar o luto nas organizações e incluir o cuidado no centro das relações. Meu *case* de sucesso é saber que, cada vez mais, não preciso esconder o sofrimento existencial em uma sala com cortinas fechadas.

Há cada vez mais empresas que, além de olhar e se preocupar com o resultado e o impacto financeiro, as práticas e os processos, enxergam e gerenciam a qualidade dos relacionamentos entre as pessoas. E não me refiro somente à qualidade da liderança, da cultura ou do clima organizacional, mas ao ativo que realmente sustenta essa engrenagem toda: as pessoas.

Colhendo resultados por meio de parcerias

Marina Pimenta Gazeti

É graduada em Psicologia, mas sempre atuou em grandes corporações como business partner e executiva de Recursos Humanos, Comunicação e Segurança do Trabalho. Acredita que a sua maior contribuição no cenário corporativo é liderar pessoas e ler cenários para apoio aos executivos em grandes tomadas de decisão. Para uma melhor atuação, formou-se em Coaching e Negócios, pelo ICI e INPG. Sua experiência profissional de 20 anos é em grande parte no setor elétrico em áreas e projetos variados, o que a tornou uma profissional bastante dinâmica e versátil. Em 2024 assumiu uma nova área, Engenharia de Meio Ambiente e Social, ampliando a visão ESG. É casada e gosta muito de estar com sua família e amigos, com os quais, nos finais de semana, se junta para experiências gastronômicas e caminhadas.

LINKEDIN

Introdução

Eu sempre me reconheci como alguém que sente prazer em navegar em relação a temas muito distintos, ter o "frio na barriga" ao ser desafiada e às vezes ter que adquirir conhecimentos em curto espaço de tempo para atender demandas. Quero aqui compartilhar um pouco dessa história que mostrará desafios, dificuldades, reflexões, mas principalmente minha adaptação, resiliência e dedicação para trilhar a jornada que tive até aqui.

A minha jornada se inicia logo depois de concluir o colégio, onde me considerava uma aluna mediana. Quando ingressei na universidade de Psicologia, curso que escolhi aos 17 anos, passei a ser uma das alunas mais bem avaliadas da minha sala, já que me deparei com matérias que eram interessantes aos meus olhos e que com dedicação fui absorvendo de forma rápida. Essa dedicação se tornaria conscientemente uma escolha baseando-me em alguns exemplos que falarei neste texto mais adiante.

Lá entendi que apenas ter o dom e gostar do que se faz não é o suficiente, se forçar a "mergulhar" nos detalhes, estudar, dentro e fora da Psicologia, também foi importante para me levar ao nível de desempenho que consegui e aos resultados que tive ao longo de minha carreira.

A escolha por Recursos Humanos veio em grande parte pela admiração a alguns profissionais mais experientes com que eu tive contato, que relatavam sobre como dentro de uma organização eram capazes de mudar resultados de forma considerável, mesmo não sendo de áreas de negócios. Esses profissionais compartilharam o quanto o psicólogo que atua em empresas impacta nos resultados através de cultura, ambiente, desenvolvimento de pessoas, segurança emocional, entre outras artes que muitos acreditam que são fáceis e naturais, mas que na prática são somente para pessoas preparadas tecnicamente e corajosas para encarar esse desafio. Atuar em RH é trabalhar com costuras, temas táticos, cenários, e por isso demanda também talento.

Caminhando com essa visão que foi adquirida durante meus anos de graduação e principalmente em contato com profissionais da área, fui me inserindo no mundo corporativo e percebendo que não era problema optar por me manter com um perfil mais generalista, não focar detalhes muito técnicos, e que apenas uma fatia dessas informações vindas de parceiros seria necessária para que eu tomasse decisões importantes. Foi o que me fez entender que poderia usar esse meu estilo ao meu favor e em prol das organizações das quais eu iria fazer parte.

Nessas corporações sempre fui rodeada de pessoas que podiam fazer aquilo que eu não sabia, assim como na época de escola, durante os trabalhos em grupo, em que na grande maioria das vezes eu era selecionada para liderar as atividades entre as pessoas do grupo, organizando as atividades e influenciando os integrantes para sermos eficientes com as entregas propostas.

Naturalmente eu trago essa característica atuando em Recursos Humanos, sempre me engajando com pessoas técnicas, e com isso, juntando cenários, apoiando com decisões em uma esfera mais ética e alinhada com os objetivos da organização. Alguns podem chamar isso de "intuição", mas hoje com mais experiência vejo que é reflexo da minha capacidade de estar presente ao lado de pessoas que conhecem assuntos específicos, assimilando o que eu preciso para tomar as decisões, seja em um cenário atual, seja usando como bagagem para problemas similares no futuro, conhecimento empírico de mão na massa.

Iniciei trabalhando em uma área de treinamento de uma empresa de pequeno porte, mas foi quando eu ocupei uma cadeira de *business partner* de RH em uma empresa de grande porte que a minha capacidade de "costurar" soluções usando um ponto de vista privilegiado dos negócios reforçou positivamente minhas características e meu perfil.

E foi assim que cheguei à cadeira de gestão, que ocupo há alguns anos, e me faz sentir realizada usando a dedicação citada anteriormente para desbravar assuntos que não domino, ouvindo, anotando e perguntando, para tomar decisões mais precisas, fortalecendo as relações com meus líderes, pares e time.

Contextualize e Inspire

Não estamos sozinhos! Parece uma frase de uso comum, mas, principalmente em cargos de gestão, se não houver a sensação de que do seu lado você tem apoio, nada, absolutamente nada torna-se sustentável. Precisamos de pessoas, precisamos confiar, delegar e cuidar.

O meu propósito é compartilhar um pouco sobre como eu escolho pessoas que "me deixam dormir em paz" e "sem que o maestro tenha que tocar os instrumentos", frases ditas frequentemente por mim em um tom de humor. Isso não significa que não apoie o time em rotinas mais técnicas, mas diz o quanto confiar neles torna o ambiente mais saudável e encoraja-os a se tornarem mais sêniores e responsáveis por suas ações.

História do *case* de sucesso

Como *business partner* de RH tive que atuar com todos os subsistemas de negócio e ser capaz de absorver informações diversas em curto espaço de tempo, como relações sindicais, orçamento de pessoal, regras de previdência e muitos outros. Nessa época eu já havia percebido que precisava das pessoas que conheciam mais profundamente esses temas, assim desenvolvi novas habilidades, principalmente perguntar, mesmo que isso signifique me passar por alguém sem tanta experiência naquele tema, tornando-me vulnerável ocasionalmente.

Depois da posição de *business partner* recebi um novo grande desafio de assumir a posição de gerente de Recursos Humanos mais sênior e com desafios organizacionais mais complexos, contemplando áreas como saúde e segurança. Nesse momento tive a clareza de que ter pessoas especialistas, que realmente dominam assuntos específicos, se tornaria essencial. Selecionei aos poucos pessoas em quem eu pudesse confiar, que me muniriam de informações para tomadas de decisão, para meus reportes executivos, planos de ações e gerenciamento de riscos.

Seguindo essa pauta de ter o perfil generalista com a competência de fazer "costuras", unir pessoas e cenários, acabei me tornando reconhecida como uma líder de recursos humanos que faz parte do dia a dia dos negócios. E essa é somente uma outra perspectiva do quanto importa com quem você caminha lado a lado. Para ser um RH que agrega valor, você precisa "viver dentro do negócio". Grande parte da minha carreira foi em empresas do setor elétrico, e apesar de eu não entender de forma profunda os temas técnicos, sempre fiz parte das mesas de discussões para encontrarmos soluções, aperfeiçoando minha competência de estar atenta ao cenário, e mesmo focada na área que cuida de Gente, pude contribuir para o negócio com decisões importantes. Com isso, fui incluída em mais fóruns reconhecendo em mim alguém que atua engajada para os bons resultados da empresa. Esse processo me arremeteu a uma época remota de universidade em que excelentes mentores me orientavam sobre como o RH podia ser muito estratégico.

Segundo o reconhecido autor Dave Ulrich, no livro escrito com Younger e Brockbank, *RH de dentro para fora*: "O grande salto transformacional do RH exige que se domine o poder de alavancagem do fluxo de informação, da tecnologia e dos stakeholders externos, incluindo aqui clientes, parceiros, investidores, fornecedores e membros da comunidade, os quais podem se configurar a porta de entrada para o sucesso organizacional sustentável". Um RH inteligente nunca trabalhará sozinho e o mapeamento de quem serão os seus parceiros é chave para o sucesso. Não é à toa que o Dave Ulrich, pai do modelo de HR Business Partner, insere no nome do modelo a chave de tudo: Parceria.

Cultura

Ainda citando alguma das obras de Dave Ulrich, ele sempre destaca a importância da Cultura Organizacional. Cultura que se estabelece por meio de interação de indivíduos que compartilham hábitos, crenças e outros elementos que os fazem parte de um grupo e juntos chegam a um resultado. Estabelecer cultura forte e positiva em organizações é um desafio complexo e o RH deve sempre ser o grande facilitador, mas, diferente do que a maioria pensa, ele não é o responsável por uma transformação cultural sozinho, como explicarei em detalhes a seguir.

Nesses 20 anos de recursos humanos atuei em diferentes culturas e estilos de parcerias dentro e fora de RH, porém em 2022 tive o prazer de capitanear um projeto de transformação cultural de uma empresa que havia passado por várias fusões e aquisições e cuja diretoria decidiu trabalhar para uma mudança cultural de forma intencional.

Esse foi um dos *cases* mais atraentes e desafiadores da minha carreira, pois começou com o "quem" para depois irmos para o "onde". Definimos quem seriam os contribuintes e qual seria o papel de cada grupo. Tivemos que selecionar os melhores para a construção de algo que é tão importante. Tínhamos que entender o hoje, discutir o que queríamos no futuro, para depois discutir a "estrada" que nos levaria a essa transformação.

Fizemos grupos focais de várias áreas, escolhendo pessoas de diferentes especialidades e níveis de senioridades para ouvi-las sobre como percebiam a cultura da empresa, quais eram os comportamentos visíveis e marcantes, rituais já estabelecidos e perguntamos o que não viam de forma positiva, ou seja, quais eram as "ervas daninhas" da cultura naquele momento.

Em paralelo, juntamos os líderes de primeiro nível em algumas reuniões conduzidas por um parceiro externo para entender como enxergavam a cultura da empresa, e aos poucos se foi percebendo que, por termos passado por algumas fusões e aquisições, a cultura no momento era como uma "colcha de retalhos", sem muita definição e formato, o que mais uma vez confirmou a necessidade de forjarmos uma cultura que fosse intencional e declarada.

Foram múltiplas reuniões com a alta liderança para entender como cada característica herdada, de tantas empresas absorvidas, podia contribuir para o futuro tão desafiador que teríamos pela frente. E depois disso vieram diversos encontros para que de fato desenhássemos os valores, comportamentos, propósito e missão.

O RH já tinha envolvido muitas pessoas até aquele momento, mas havia chegado a hora de envolver todos. Agora o desafio era que conhecessem cada elemento da nova cultura. Começamos pensando como divulgaríamos os novos valores, mas já sabíamos que pregar quadros nas salas de reuniões não era o caminho, foi o tempo em que cultura era resumida em comunicação visual. Decidimos então, depois de muitas discussões, criar oficinas de valores. Com essa metodologia conseguimos exemplificar as ações e fazer ligações diretas com o dia a dia de trabalho das pessoas em suas áreas e com a conexão de diversos níveis da organização.

A Missão e o Propósito foram costurados junto com a alta direção. Posteriormente, o papel da liderança foi envolver os times no propósito, ajudá-los a se enxergar parte daquela missão, e como cada um no seu universo de atividades contribuiria para o alcance do que havia sido estabelecido. E aí vem mais uma vez a discussão do quanto importa "quem está ao seu lado": sem os líderes, nenhuma ação de desenvolvimento seria efetiva; eles fazem de suas áreas um extrato da organização em menor dimensão, são quem pode promover ou derrubar uma tentativa de implantação de nova cultura. Os líderes são de fato os principais recursos para um processo de transformação cultural.

Ainda falando sobre esses líderes, naquele projeto destacamos uma atitude que seria muito importante para concluir esse processo, a coerência. Não adianta falar, as pessoas têm que sentir, ver e viver a cultura declarada. Por exemplo: se a organização declara que tem em sua cultura o valor "colaboração", não adianta ter somente metas individuais, é preciso estimular entregas colaborativas. Se há entre os valores a agilidade, não será coerente ter processos em que se estabeleçam regras de aprovações complexas com muitas hierarquias ou processos lentos para alcance de uma decisão, entre outros vários exemplos que podem ser dados em uma conversa mais aprofundada sobre o processo de transformação cultural.

Tudo isso só foi possível pois pessoas dispostas estavam presentes, de forma intencional e colaborativa. E o resultado é visto dia a dia, como a cultura deve ser: não dá para pegar, mas dá para sentir.

Exemplos

Também sob o ponto de vista de "não importa para onde, importa com quem", eu tive gestores que ensinaram muito sobre como liderar, ou seja, meu desenvolvimento esteve diretamente relacionado às pessoas que me inspiraram, dentre elas, duas foram muito marcantes na minha carreira.

A primeira, uma mulher, forte, que hoje vejo que me inspirou, sempre dizia que aprendia comigo sobre alguns temas que ela não dominava. Lembro-me da entrevista do processo seletivo, quando ela checou mais de uma vez o quanto meus conhecimentos técnicos em desenvolvimento de pessoas poderiam contribuir para a gestão dela e disse de forma enfática que precisava de alguém que fosse mais profundo no tema, pois ela cuidava de muitos outros assuntos, tão complexos quanto. Hoje, depois de muitos anos, me vejo exatamente assim: escolhendo os melhores para trabalhar na minha "orquestra", já que na grande maioria das vezes também estou focada em assuntos tão ou mais complexos que se tornaram momentaneamente mais estratégicos ou emergenciais.

O outro líder marcante, que entre muitas outras competências me ensinou a arte de fazer perguntas, um traço bastante marcante na minha atuação profissional e que uso praticamente diariamente com meu time, foi um CEO. Ele me mostrou que quando fazemos as perguntas certas, às vezes mostrando que não dominamos o assunto em pauta, provocamos que os liderados façam melhorias, se preparem para reuniões, corrijam rotas e pensem fora da caixa.

Time

Essa habilidade de perguntar ao meu time, que hoje não é só de Recursos Humanos, é primordial para que eu entenda o detalhamento técnico e ajude-os a evoluir. Tornei cada um dos meus liderados guardiões de assuntos importantes de que eu não conseguiria cuidar sozinha. Quando eu, como psicóloga, imaginaria que cuidaria de áreas como Engenharia de Segurança ou Engenharia de Meio Ambiente? Para isso, me tornei engenheira? Claro que não, me mantive psicóloga, mas hoje consigo reportar, tomar decisões e discutir de forma geral sobre os rumos dessas áreas, sempre usando as perguntas, cada vez mais cirúrgicas, aos meus liderados, times internos e externos.

Ainda sobre as perguntas, temos um outro benefício que acredito que seja importante mencionar, quando alguém questiona algo, destacando pontos que não ficaram claros ou que para ele não parecem simples, isso pode potencialmente gerar debates para correções de rotas e melhorias.

Conclusão

Voltando ao projeto de cultura que contei com detalhes, ele só ocorreu porque tive comigo pessoas incríveis, um time que entendia de metodologia de cultura, de desenvolvimento de pessoas, de comunicação e do negócio. Agradeço a muitos outros que estiveram no papel de facilitadores nesse grande projeto, que foi de toda a organização, para que acontecesse com sucesso.

As pessoas que estiveram ao meu lado nesses 20 anos de carreira importaram muito e foram elas que me trouxeram até aqui. Sejam elas líderes, parceiros dos negócios, meus times, pares... Cada um contribuiu para eu ser uma profissional mais completa. Sempre soube aonde eu gostaria de chegar, mas o meu sonho vem sendo superado, pois tive comigo pessoas fantásticas que contribuíram para a aceleração do que aspirei para a minha vida.

E para finalizar sobre o quanto as relações importam, uma reflexão interessante do livro *Dar e receber*, de Adam Grant, é:

> *"O sucesso depende muito de como promovemos nossas interações com outras pessoas. Sempre que nos relacionamos com alguém no trabalho, temos uma escolha a fazer: reivindicamos o máximo de retribuição pelo valor que oferecemos ou contribuímos com o máximo de valor sem nos preocuparmos com a retribuição?"*

A vida te prepara
para o extraordinário

Mônica Doria Guidoni

Executiva de RH Sênior com mais de 20 anos de experiência em Empresas Nacionais e Latam, com *expertise* em Recursos Humanos, Gestão de Pessoas, Business Partner, DHO, Talent Acquisition, Transformação Digital, Melhorias de Processos, *startups*.

Finalista do Prêmio RHs mais admirados de 2023.

Vivência em *startups*, onde liderou as operações da TotalPass desde o início até a fase de aceleração e crescimento, bem como na UCorp em sua fase de crescimento.

Por 17 anos, esteve à frente nas gestões do Grupo SmartFit e durante esse período assumiu diversas posições, desde Head of Sales, Head of Operations, até assumir a última posição, de Head of People.

LINKEDIN

Introdução

Quando somos jovens, não nos preocupamos muito com a qualidade de nossas parcerias e amigos. Queremos estar rodeados de pessoas, conhecer novas histórias e viver como se não houvesse amanhã.

Eu me incluo nessa análise, pois na juventude sempre busquei, de certa forma, por aprovações para me incluir em grupos, mesmo que muitas vezes não estivessem alinhados com a minha verdadeira missão de vida.

Os anos passam, vamos amadurecendo e as fichas vão caindo. Afinal, o que realmente importa não é onde você está, mas sim as pessoas que estão ao seu redor e o impacto que você também pode causar na vida delas.

Com o tempo fui percebendo que estava rodeada de pessoas, mas nem sempre algumas delas torciam por mim, ou fingiam se importar. Foi difícil lidar com essa descoberta, mas ao mesmo tempo me ajudou a valorizar ainda mais as verdadeiras amizades, aquelas que genuinamente se importam contigo e torcem pela sua felicidade e sucesso.

Em cada fase da minha vida aprendi a superar as adversidades, reforçar a minha fé, não desistir no primeiro desafio e recomeçar quantas vezes fossem necessárias. Por anos, tive a síndrome da impostora e crenças limitantes que eu mesma criei em meu subconsciente. Eu me desmotivava quando algo não saía como eu desejava e constantemente me comparava com outras pessoas. Sempre me perguntava por que tal desafio era mais difícil para mim, sendo que todos nós temos desafios diários e cada um tem a sua história. Mal sabia eu que estava sendo treinada pela vida para superar os meus limites e buscar novos aprendizados e dificuldades.

Com mais maturidade, aprendi que é importante saber identificar quem são as pessoas que realmente estão ao nosso lado, que se importam conosco de verdade. Um dos propósitos de vida que sempre tive dentro de mim é que queria melhorar a vida das pessoas ao meu redor e ajudá-las, podendo contribuir de forma positiva, sendo uma fonte de inspiração e apoio em meio às incertezas.

Sabemos também que no mundo corporativo nem sempre conseguimos escolher as pessoas com quem iremos trabalhar, mas não podemos permitir que tais influências afetem nosso dia a dia. Para mantermos uma rotina organizacional saudável, é importante fazer parceria com colegas de trabalho que sejam compatíveis com nossa forma de trabalhar, com a esperança de que essas ações sejam exemplos para os demais colaboradores e contribuam para a construção de ambientes corporativos mais acolhedores.

Nos próximos tópicos, compartilharei minha trajetória profissional e contarei sobre alguns anjos e facilitadores que entraram em minha vida e contribuíram para que minhas conquistas ganhassem mais luz e destaque.

1. Você se torna parecido com as cinco pessoas mais próximas

O ambiente em que você está inserido diz muito sobre a

sua personalidade, seus hábitos, costumes e como você reage diante da sociedade. Ele influencia muito o nosso comportamento e as nossas escolhas. Seja em casa, no trabalho, na escola, com os amigos ou em qualquer outro lugar, o contexto em que estamos tem um grande impacto sobre quem somos e como nos relacionamos com as pessoas ao nosso redor.

Todo hábito humano é um reflexo do sistema em que a pessoa está inserida. Normalmente, o que ocorre nesse ambiente é considerado normal para aquela pessoa.

Quando cursei Pedagogia, nas aulas de Psicologia tive uma matéria específica sobre o comportamento humano que nunca vou me esquecer, pois ensinava que "nos tornaremos parecidos com as cinco pessoas mais próximas". Esse fenômeno é conhecido como "lei das cinco pessoas mais próximas" ou "efeito espelho", e significa que as pessoas que estão mais presentes em nossas vidas influenciam diretamente a nossa personalidade, comportamento, estilo de vida e até mesmo nossos valores e crenças.

Portanto, é importante escolhermos sabiamente as pessoas com quem conviveremos mais tempo, pois elas terão um grande impacto em quem nos tornaremos. Essa frase não parece tão simples, mas se tornou um mantra de vida para mim. Afinal, eu acredito que as pessoas boas que passaram e as que passam diariamente em nossas vida se tornam, de certa forma, um canal de bênçãos multiplicadoras e um ciclo infinito que contagia.

Fazer o bem é contagiante.

2. A primeira promoção a gente nunca esquece

No ano de 2002, recebi uma das notícias mais felizes da minha vida. Lembro-me perfeitamente quando a minha diretora de Operações ligou para o meu ramal e pediu que eu fosse à sala dela. Nunca imaginei que esse seria um dos dias mais felizes e especiais da minha existência, e um verdadeiro marco para a minha trajetória profissional.

Esse foi o dia em que vivenciei a minha primeira promoção de cargo em uma das maiores empresas multinacionais da época, e Elizabeth Perrone fez com que aquele momento se tornasse único. Depois daquela experiência, passei a sentir dentro de mim o propósito de mudar a vida das pessoas, promovendo crescimento e desenvolvimento, e mostrando que juntos podemos evoluir e compartilhar conhecimentos.

Quem não conhece nossa história e nos vê nos *posts* do LinkedIn e em algumas matérias publicitárias, não imagina que, para chegar aonde chegamos ou ainda queremos chegar, tivemos que percorrer um longo caminho de aprendizagem. Comecei a trabalhar em 1994, com 14 anos, como operadora de caixa na empresa do meu pai, e sabemos como é trabalhar em uma empresa familiar. No entanto, não deu muito certo, pois eu não tinha muita maturidade. Quando estava cursando Pedagogia, aproveitei para fazer meu estágio na escola em que me formei no Ensino Médio.

Infelizmente, também não deu certo, pois fui colocada para cuidar da sala de informática, o que não me proporcionava nenhum desafio real, apenas ligar e desligar os computadores. Foi assim que acabei indo para a Atento Brasil e conheci a Bete.

A Bete era a diretora de Operações, uma mulher incrível e superadmirada por todos e a primeira grande profissional que enxergou o meu potencial e viu talento onde ainda apenas se desenvolvia uma jovem no início da sua carreira. Chegamos a trabalhar juntas em três projetos dessa empresa e, quando o segundo projeto se encerrou, ela recebeu uma grande proposta para um novo projeto. Nesse terceiro projeto (156 da Prefeitura de São Paulo), ela me promoveu a supervisora de Operações.

Eu era apenas uma garota de 22 anos, cheia de sonhos, cheia de falhas e com muitos pontos para desenvolver como líder. Durante esse período, recebi muito apoio dos meus colegas de trabalho, que eram mais experientes do que eu, e dos meus coordenadores, que me forneciam os *feedbacks* necessários para o meu aprimoramento e evolução.

As conexões que passam por nossa vida são inexplicáveis, pois nessa mesma empresa fiz um amigo (Athayde Mendonça) e, somente após 20 anos, percebo completamente a importância e o significado que ele tem em minha vida. Pude compreender como o laço dessa amizade seria importante nos próximos anos.

Ser supervisora bastante jovem me ensinou a correr riscos muito cedo, incentivando-me a tentar coisas novas e sempre sair da minha zona de conforto sem medo de falhar. Foi graças aos meus colegas e pares de trabalho que eu enxerguei os desafios como oportunidades de crescimento e aprendizado, e não mais como obstáculos. Um dos maiores aprendizados foi perceber a importância de ser resiliente e persistente, mesmo diante das adversidades, afinal as dificuldades farão parte do nosso caminho e serão fundamentais para alcançarmos nossos objetivos.

No início das minhas atividades como supervisora, conheci a Érica Issa e a Cláudia César, mal sabia que mais uma vez o Universo conspiraria ao meu favor e me conectaria novamente a pessoas que sintonizam com a mesma energia.

Não que as outras pessoas que trabalharam comigo não tenham tido um papel especial nessa jornada, mas é importante destacar o grande papel e importância da Érica e da Cláudia. Além de terem sido excelentes colegas de trabalho, ambas foram fundamentais para me guiarem no meu próximo desafio profissional.

Passou-se algum tempo e Cláudia tornou-se gerente de unidade de uma das maiores redes de academias do Brasil. Em seguida, ela convidou Érica para se juntar à equipe. Posteriormente, Érica me indicou para também fazer parte da equipe.

3. Exercendo o papel de líder

Fui promovida para o cargo de supervisora em 2002, mas somente no ano de 2006 eu realmente entendi o significado de ser líder.

> *Ser líder é desenvolver e guiar um novo profissional, ajudando-o a alcançar todo o seu potencial e a se tornar uma pessoa mais segura e produtiva. Ser líder não significa apenas dar ordens e esperar que as tarefas sejam realizadas, mas sim inspirar e motivar os outros a se superarem e a alcançarem seus objetivos.*

Em 2004 fui contratada para ser gerente de Vendas da Academia Bio Ritmo na Unidade Centro, que ficava localizada na Rua XV de Novembro, a mesma empresa em que trabalhei posteriormente com Érica Issa por mais de 15 anos.

Com o passar dos anos, me desenvolvi melhor como líder, estudando sobre liderança, lendo livros sobre como realizar uma gestão de performance e entregas de resultados do meu time e como estar atenta a cenários de mudança.

Naquela época o livro que marcou muito o meu desenvolvimento profissional como líder e como uma agente de mudança foi *Quem mexeu no meu queijo*, que traz uma história leve, de fácil compreensão e pode ser trabalhada com os times como um exercício transformador de mudança para níveis gerenciais de senioridades júnior. O livro traz como ensinamento os motivos e autoanálise para nos permitirmos desfrutar o novo, mesmo que seja feito em pequenos passos.

Nos anos em que eu estava me desenvolvendo como líder, a empresa também estava no mesmo processo de aprendizagem e crescimento, tanto que hoje é uma das maiores redes de academia do mundo.

Nosso CEO e presidente, Edgard Corona, sempre foi um ser humano inovador e pioneiro, ele investiu na qualificação e no desenvolvimento profissional de todo seu time de liderança. Sorte a minha de fazer parte.

No ano de 2006, todo o time de líderes da Bio Ritmo iniciou o Curso Metanoia, do Roberto Tranjam. Com isso nos tornamos lavradores e tínhamos como propósito replicar todo o conhecimento aprendido para nossa base de colaboradores. Metanoia significa expansão da consciência. É um processo de mudança de modelo mental apoiado em metodologias de gestão que conduz a uma nova maneira de olhar a realidade e garante resultados excelentes.

No se referente a DHO – Desenvolvimento Humano Organizacional, foi a fase em minha carreira em que tive a oportunidade de fazer os ensinamentos práticos junto ao time de líderes e depois replicá-los em atividades práticas com os times nas unidades. Fui muito beneficiada com as aprendizagens de construção: de carta de valor, missão, visão, propósito e tudo que se refere a um alinhamento estratégico organizacional com base na criação de uma cultura.

4. A importância de ser um bom líder

Trabalhei no Grupo Bio Ritmo por 17 anos e, mesmo quando fui para outros desafios, continuei me espelhando no grande líder que tive em minha vida profissional, Nassim Hueb, na época meu diretor de Vendas. Ele é um ser humano incrível, que me deu muitos exemplos de como ser uma excelente profissional e nunca perder meus valores pessoais. Nassim é o tipo de líder com quem você quer estar ao lado. Como o próprio livro diz: "Não importa para onde, importa com quem"; eu dedicaria esse título a ele.

Mas voltando ao aprendizado da Metanoia, durante o curso, foi o momento que também fizemos uma análise da nossa gestão e colhemos *feedback* do nosso time. E pude perceber que eu tinha muitos pontos falhos como líder e que eu precisaria me desenvolver para fazer uma boa gestão.

Dois exemplos ficaram muito bem gravados em minha memória e sempre quando dou algum treinamento ou mentoria sobre liderança eu reforço a importância de darmos *feedback* para nosso time e realizarmos reunião individual periodicamente para saber como as coisas estão indo. Digo isso pois em minha fase inicial como gestora houve dois acontecimentos específicos, que se eu tivesse mais preparo e conhecimento eu poderia ter evitado, foram eles: 1) Desliguei um consultor de vendas sem antes ter feito minha lição de casa como líder e ter dado o *feedback* ou uma reciclagem necessária, pois na hora do desligamento o colaborador não sabia porque ele estava sendo desligado; e 2) Recebi em um dos *feedbacks* da equipe a informação de que o time da recepção estava um pouco intimidado para falar comigo. Concluí que em nenhum lugar deve prevalecer a cultura do medo, e se a equipe tinha essa percepção, é possível que algo na minha postura como líder estivesse impedindo que eles expressassem seus anseios e opiniões.

Fica cada vez mais claro e evidente quão importante é um programa de treinamento e desenvolvimento, tanto para capacitar o time de gestores a cuidar da equipe, como para impulsionar o crescimento do negócio e torná-lo uma potência. O papel do líder é fundamental não só para a entrega de resultados e o crescimento da organização, mas também para atrair e reter bons talentos. Afinal, quem quer passar a maior parte do seu tempo – já que o local de trabalho é onde passamos a maior parte do tempo – ao lado de alguém que não admira e que, em alguns casos, pode se tornar tóxico?

5. A transformação nos faz crescer e inovar

Se quisermos crescer, mudar de fase e nos destacarmos, precisaremos saber lidar com as mudanças e estar flexíveis às alterações de cenários. Este é o maior conselho que posso dar em um mundo que está em constante transformação.

Pegando um pouco o gancho do curso de Metanoia, uma vez li um texto que contava a historinha da "vaca" que foi para o brejo e a família, que morava na montanha e ela era a sua única vaca reprodutora, foi obrigada a mudar para vivenciar uma nova experiência e ter novas fontes de renda. E é exatamente assim que finalizo este capítulo, com um dos exemplos mais fantásticos e transformadores da minha carreira: quando minha vaca foi para o brejo e tive que me transformar. Mal sabia que seria uma das melhores transformações da minha vida até hoje.

Estávamos em 2017 e só se falava em *startup*, que eu não sabia bem o que era e nesse mesmo ano comecei a trabalhar em uma, na mesma empresa. Escutava vários termos em inglês e não entendia nada. Novamente, me transformei e aprendi algo novo ao participar dos treinamentos RH-Day da StarteSe. Com isso, fui multiplicando e testando nas equipes. Trabalhar com uma nova geração me fez desafiar a mim mesma e começar a enxergar os processos com um olhar mais inovador e menos burocrático.

Se eu não tivesse arriscado e abraçado o novo, talvez jamais tivesse vivenciado tudo o que vivi com essas mudanças e também não teria conhecido essas pessoas maravilhosas que, inclusive, estão escrevendo este livro comigo. Diante de todos os cenários e incertezas, acreditei no fluxo da vida e nas oportunidades que surgiram, o que me permitiu, aos 40 anos, passar por uma transição de carreira do comercial, onde era Head of Sales B2B, para o papel de CHRO, e ainda ser finalista da premiação dos RHs mais admirados de 2023.

Que este testemunho sirva de inspiração para muitos que estão no início de suas carreiras, assim como para aqueles que sonham em fazer uma transição. Lembrem-se de que tudo é possível e depende apenas de nossa vontade. E, se tivermos as pessoas certas ao nosso lado, ajudará muito.

Conexões verdadeiras, resiliência e a jornada com a gestão RH

Renato Fiochi

É CEO do Grupo Gestão RH, um dos maiores ecossistemas de soluções para altas lideranças e referência na área de RH no Brasil e América Latina. Na vida pessoal, é casado e pai do Léo, sua maior inspiração. Apaixonado por viagens, esportes e gastronomia. Ao longo de sua carreira, desenvolveu uma forte rede de relacionamentos com os principais líderes de mercado, sendo reconhecido por sua capacidade de conectar as pessoas e construir parcerias estratégicas. É responsável por liderar uma equipe de sucesso, desenvolver e implementar estratégias que contribuem para o sucesso dos negócios. É um defensor da importância do capital humano para o sucesso das organizações. Também é empreendedor, palestrante e autor. Coautor dos livros *Empreendedores Resilientes* e *Histórias de Sucesso*, foi agraciado em 2018 com o título de Embaixador da Divine Académie Française des Arts Lettres et Culture. Apaixonado por compartilhar seu conhecimento e experiência com outros profissionais, já realizou mais de 500 entrevistas com os principais líderes do mercado.

LINKEDIN

O poder das conexões

Ao refletir sobre minha trajetória, percebo que não são apenas as conquistas empresariais que me marcam, mas as conexões e desafios que moldaram cada fase do meu caminho. Sempre acreditei que as conexões genuínas e a resiliência são os pilares de qualquer história de sucesso. Para mim, a jornada nunca foi sobre posições ou números, mas de valor criado ao lado de pessoas que acreditaram em mim e de lições aprendidas ao longo das relações construídas nessa caminhada.

Uma dessas conexões fundamentais aconteceu logo no início da minha carreira, quando conheci pessoas que me deram conselhos valiosos. Um deles, que guardo até hoje, foi: "As pessoas ao seu redor definirão o seu sucesso". Na época, eu não compreendia plenamente o alcance dessa frase, mas, à medida que minha carreira avançava, percebi o quanto ela era verdadeira. Foi a partir daí que aprendi o valor das relações genuínas, e essa compreensão moldou toda a minha abordagem de liderança e negócios.

Mudança para São Paulo: o início de uma nova jornada

Minha vida mudou drasticamente quando decidi deixar minha cidade natal e embarcar em uma nova aventura em São Paulo. Não havia garantias de sucesso, nem promessas de uma vida fácil. Enfrentar um dos mercados mais competitivos do Brasil exigia mais do que trabalho duro: exigia a construção de conexões estratégicas e autênticas.

Logo nos primeiros meses em São Paulo, o mercado parecia impenetrável. Tudo mudou quando comecei a me aprofundar no mercado de RH e, além de me apaixonar pela área, percebi que as pessoas estavam no centro de tudo o que fazia. Foi nesse momento que compreendi que o verdadeiro diferencial não era apenas o que eu sabia, mas quem eu conhecia e como me conectava com os outros.

O crescimento na gestão RH: fortalecendo a rede de relacionamentos

Iniciei minha trajetória na Gestão RH em 2013 com um objetivo simples: aprender e crescer. No entanto, à medida que me envolvia mais com o mundo de gestão de pessoas, entendi que as conexões eram essenciais para o desenvolvimento profissional. Cada interação que eu fazia era uma oportunidade de agregar valor e absorver novos aprendizados.

Reinvenção em tempos de crise

Assumir a Gestão RH em meio a uma crise foi um dos maiores desafios da minha vida profissional. O mercado estava em transformação, e a empresa precisava de uma nova visão para continuar relevante. Muitos questionaram se eu seria capaz de liderar essa mudança, mas a resiliência e as conexões que havia construído ao longo dos anos foram essenciais para transformar a empresa.

Quando estávamos traçando planos para essa nova era da Gestão RH, a pandemia de 2020 surpreendeu a todos. Foi nesse período, quando o mundo estava em retração, que decidi fazer o oposto: investir mais em pessoas, tecnologia e ações estratégicas.

Acredito que essa coragem de nadar contra a corrente fez toda a diferença. Apostar no novo, mesmo quando o mercado estava paralisado, provou ser uma das decisões mais acertadas.

Enquanto muitos estavam cortando gastos e reduzindo operações, fizemos o oposto. Lançamos uma série de *webinars* e eventos virtuais que conectavam líderes do setor, oferecendo conteúdo de valor em um momento em que muitos estavam perdidos. Essa decisão foi arriscada, mas resultou em um aumento exponencial na nossa visibilidade e credibilidade no mercado.

A importância de uma rede baseada em acesso, respeito e valor

Acredito que uma conexão verdadeira é construída sobre três pilares: acesso, respeito e valor. Acesso refere-se à proximidade e à abertura para contato; respeito é conquistado ao longo do tempo, com base em nossas ações e na forma como tratamos os outros; e o valor é o que oferecemos e recebemos dessas interações. Cada troca precisa ser significativa, não apenas em termos de números, mas na profundidade da relação. Líderes que promovem a inclusão não apenas melhoram o ambiente de trabalho, mas também inspiram suas equipes a alcançar um desempenho superior, mostrando que o respeito às diversidades pode aumentar a criatividade e a solução de problemas dentro das organizações.

Resiliência: superando adversidades pessoais e profissionais

A perda do meu pai em 2023 foi um dos momentos mais desafiadores que já enfrentei. No entanto, essa experiência me ensinou o valor real das conexões, da família e dos amigos, e o quanto elas podem ser uma fonte de força nos momentos mais difíceis. Isso me permitiu seguir liderando a Gestão RH com uma nova perspectiva, enxergando a vida e os negócios sob um prisma renovado.

Essa perda também me trouxe uma clareza inesperada. Foi um lembrete de que, por mais que busquemos o sucesso profissional, precisamos cuidar de nós mesmos — de nossa saúde, corpo e mente. Adotar uma mentalidade de aprendizado contínuo não só ajuda a manter as habilidades relevantes, mas também garante que estamos sempre preparados para os desafios futuros. Este compromisso com o aprendizado e adaptação é crucial para manter a relevância profissional e pessoal.

A Transformação da Gestão RH em um Ecossistema de Conexões

Sob minha liderança, a Gestão RH se reinventou, evoluindo de uma empresa de comunicação e eventos para se tornar um dos maiores ecossistemas de gestão de pessoas do Brasil e da América Latina.

Esse crescimento foi possível graças às conexões autênticas que construímos ao longo do caminho – relações fundamentadas em confiança, transparência e respeito mútuo.

Destaco o departamento de RH como um estrategista chave na implementação de mudanças organizacionais que moldam e definem o futuro das empresas.

Conclusão: O Futuro é Moldado Pelas Conexões

Minha jornada está longe de terminar. Continuo aprendendo e me desenvolvendo a cada dia. O mercado está em constante evolução, mas os princípios que me trouxeram até aqui – conexões verdadeiras e resiliência – continuam sendo os alicerces que me guiam. Acredito que, com o apoio de uma rede sólida e genuína, os desafios podem ser enfrentados de forma mais segura e os negócios, impulsionados de forma mais significativa. A habilidade de resolver conflitos reforça a cultura de respeito mútuo e colaboração. Líderes que são proficientes em gestão de conflitos, além de melhorarem a dinâmica de equipe, também modelam comportamentos que promovem a resiliência organizacional.

Se eu pudesse deixar uma mensagem, seria esta: o futuro dos negócios, e da vida, é moldado pelas conexões que construímos ao longo do caminho. Mais do que resultados imediatos, são as relações de longo prazo que realmente nos impulsionam e nos permitem alcançar nossos maiores objetivos.

A essência de liderar com autenticidade

Roseli A. Ubaldo

Especialista em Desenvolvimento de Liderança, Mentora Executiva, Administradora, com pós-graduação em Recursos Humanos, MBA em Gestão Empresarial e em Liderança e Negócios Globais. Possui certificações internacionais em Coaching, Gestão e Modelagem de Cultura Corporativa e Soluções de Desenvolvimento. Apaixonada pela área de desenvolvimento, acredita que todos têm um potencial a ser descoberto e potencializado, bem como uma forma de fazer negócios e gestão em que as pessoas possam crescer e se desenvolver de maneira sustentável. Carreira desenvolvida em Recursos Humanos, como parceira das unidades de negócios em indústrias multinacionais de grande porte, nos segmentos farmacêutico, de tecnologia, engenharia e automação. Liderou processos de fusões e aquisições em diferentes culturas organizacionais e implementou projetos globais com times multifuncionais dos EUA, Canadá, América Latina, Europa e Índia.

LINKEDIN

Introdução: de verdade, onde me encaixo?

Ao longo da minha trajetória, percebi que liderar é muito mais do que gerenciar tarefas ou alcançar metas; é guiar com autenticidade e propósito. É começar sendo líder de si mesmo, antes de querer liderar outras pessoas.

Olhar para dentro de você, e não permitir que te levem por caminhos que não quer ir, é fundamental. Durante minha trajetória profissional, pude observar pessoas que, no desejo de pertencer e crescer na carreira, se sujeitavam a mudar seu jeito de ser ou permanecer num posto de trabalho que não preenchia suas maiores aspirações, para terem realizações e sucesso. Compreendo que, muitas vezes, o senso de dever prevalece. Pode ser que havia pessoas, familiares que dependessem delas. O risco é a pessoa perder a visão daquilo que realmente a tornaria feliz, pois essa situação a longo prazo pode custar a sua saúde, renunciar à sua família e prejudicar suas relações pessoais e profissionais.

Comece com a seguinte pergunta: "O que é realmente

importante para você?" Se responder com toda a sinceridade para si, você encontrará respostas que o levarão para o caminho da realização pessoal, e não ao que querem lhe impor em proveito próprio.

Quando iniciei minha vida profissional, meu objetivo sempre foi ajudar as pessoas. Eu não imaginava que isso me levaria a liderar meu próprio negócio, construir parcerias e apoiar executivos e organizações. Descobri meu potencial de liderança inspirando outras pessoas a serem melhores do que são, e esse aprendizado moldou a base de todas as minhas escolhas profissionais.

Como líderes, somos constantemente desafiados a equilibrar nossos valores pessoais com as demandas organizacionais. Ser promovido por nossas competências técnicas e habilidades de entregar resultados é uma conquista, mas ser um líder de verdade requer a compreensão e o respeito dos nossos próprios limites e valores. Este capítulo explora como permanecer fiel a si mesmo e liderar com autenticidade, mesmo diante das divergências e conflitos que surgem em nosso caminho.

1. Contextualizar e Inspirar: a importância de permanecer fiel a si mesmo

A liderança autêntica é construída sobre um alicerce sólido de valores e objetivos claros. Quando não temos clareza sobre quem somos e o que defendemos, acabamos deixando que o ambiente externo dite quem deveríamos ser. Assim, ao longo da minha carreira, aprendi a dizer "não" – principalmente para mim mesma – quando as situações não ressoavam com meus valores e propósito.

Muitas vezes, é preciso dar um passo para trás, ceder ou recuar para nos reposicionarmos melhor mais adiante.

Compreender seus próprios valores e construir relacionamentos que respeitem esses limites é essencial para continuar sendo quem você é, e não o que outros desejam que você seja. Afinal, o que as pessoas pensam sobre você não define quem você é. Sua história de vida não se resume em interesses próprios ou em percepções equivocadas sobre você.

O importante é ouvir a opinião de cada um sem julgamento, mesmo não concordando no momento. Reveja o conceito e, na próxima oportunidade que tiver, volte a comentar sobre o tema. O poder não vem da intimidação, mas da liberdade de deixar alguém fazer o melhor. Nesse processo também aprendemos. Sempre temos algo a aprender em cada situação. Crie o hábito de se perguntar: o que devo aprender com essa situação?

Quando ampliamos nosso ponto de vista, também ampliamos a maneira como precisamos nos posicionar diante de uma situação. Deixamos os interesses próprios e alheios de lado e focamos o que realmente importa. Nos abrimos para novas oportunidades, evoluímos como pessoas e profissionais e, o mais importante, não deixamos de ser quem realmente somos.

2. História do *case*: a receita de sucesso na liderança autêntica

Liderança exige habilidades diversas: resiliência, gestão de conflitos, inteligência emocional, tomada de decisão, relacionamento e comunicação eficaz. A liderança também nos conduz a caminhos ambíguos. Por um lado, somos incentivados a fortalecer nossos relacionamentos; por outro, podemos enfrentar dificuldades em lidar com divergências. Saber navegar por essas complexidades é crucial para manter-se centrado em seu propósito e valores.

Ao longo da minha trajetória, enfrentei diferentes situações de conflito. Embora sempre tenha buscado me relacionar bem com as pessoas e criar um ambiente harmonioso, entendi que nem todos gostariam de mim. E tudo bem! Não somos perfeitos ao ponto de agradar a todos. Mas e se essa pessoa for seu gestor ou cliente? Essas situações são possíveis e, muitas vezes, inevitáveis no mundo corporativo.

Sempre que me encontrava em tais circunstâncias, me perguntava: "Qual o impacto dessa situação na minha vida e nas pessoas com quem me relaciono?" Muitas vezes, é comum nos envolvermos pelas emoções alheias, mergulhando em conflitos que não nos dizem respeito. Para sair dessa situação, voltei a me questionar: "Qual o impacto disso para mim e para os outros?"

Após refletir sobre a resposta, estabeleci uma comunicação genuína, livre de julgamento ou decisões imediatistas.

Aqui vão 5 passos que sempre adotei para liderar com autenticidade.

5 passos para ser um líder autêntico:

1. **Autoconhecimento profundo**: Conheça seus valores, princípios e o que realmente importa para você. Um líder autêntico é capaz de identificar suas forças e limitações, usando esse entendimento para guiar suas ações. É preciso saber o que você representa, o que o motiva e o que está disposto a não negociar.

2. **Comunicação clara e transparente**: Ser claro em sua comunicação, sempre expressando suas intenções e expectativas. A transparência ajuda a construir confiança e estabelece um ambiente de respeito e honestidade, onde todos sabem o que esperar uns dos outros.

3. **Empatia e escuta ativa**: Um líder autêntico deve ser capaz de se colocar no lugar do outro, compreendendo suas necessidades e preocupações. A escuta ativa não é apenas ouvir, mas entender realmente o que está sendo dito, sem julgamentos. Isso cria um ambiente seguro para o diálogo e promove a colaboração.

4. **Flexibilidade e adaptação**: Estar aberto a novas ideias e disposto a ajustar suas ações conforme necessário, sem perder de vista seus valores essenciais. Liderar com autenticidade não significa rigidez, mas sim adaptabilidade ao contexto, mantendo-se fiel ao seu propósito.

5. **Tomada de decisão baseada em valores**: Quando confrontado com decisões difíceis, um líder autêntico se alinha com seus valores fundamentais. Essa abordagem fortalece sua credibilidade e gera confiança em sua equipe, pois suas ações refletem consistência e integridade.

3. Contribuição e exemplos do *case*

Aprender a identificar as emoções que não são suas e saber direcioná-las é essencial. Nessas horas, o apoio de uma rede de suporte é fundamental – seja de gestores, amigos, mentoria, terapia ou até mesmo atividades físicas. Quando você se torna um líder, precisa entender que sua responsabilidade vai além dos resultados: é cuidar das pessoas, das suas próprias emoções e das emoções de quem você lidera.

Quando o conflito é com um gestor: diálogo, consenso e posicionamento são essenciais. Expresse suas preocupações com clareza e mantenha o foco nos objetivos comuns, sem deixar de lado seus valores pessoais.

Quando o conflito é com um cliente: ouça atentamente,

busque entender as necessidades e alinhe expectativas, sempre mantendo a transparência e a integridade.

Quando o conflito é com um colega: respeite as diferenças, separe o pessoal do profissional e construa uma relação de confiança baseada na empatia.

Fazer gestão de conflito é inerente a um líder. E nem sempre é fácil. No entanto, quando temos clareza sobre quem somos e o que defendemos, é possível enfrentar uma situação com foco na solução e não no problema.

A seguir, compartilho dez passos que compreendo que são importantes para uma gestão de conflito ou conversas difíceis.

Dez passos eficazes para gerenciar conflitos e mediar conversas difíceis:

1. **Prepare-se mentalmente**: Antes de entrar em uma conversa difícil, prepare-se mentalmente. Reflita sobre suas próprias emoções e expectativas e entre na conversa com uma mente aberta e calma.

2. **Crie um ambiente seguro**: Assegure-se de que o ambiente seja seguro e confortável para todos os envolvidos. Um local neutro pode ajudar a reduzir tensões.

3. **Escuta ativa e respeitosa**: Durante a conversa, pratique a escuta ativa, dando espaço para que todos expressem seus pontos de vista sem interrupção. Mostre respeito e validação ao reconhecer as emoções e perspectivas dos outros.

4. **Identifique o problema real**: Muitas vezes, os conflitos surgem devido a mal-entendidos ou questões subjacentes. Pergunte-se: "Qual é o verdadeiro problema aqui?" Esforce-se para entender as raízes do conflito.

5. **Evite o jogo de culpa**: Foque nas soluções, e não nas culpas. Atribuir culpa só aumenta as tensões e dificulta a resolução do conflito.

6. **Use linguagem neutra e afirmativa**: Utilize uma linguagem que seja afirmativa e positiva, evitando tom de julgamento ou acusação. Frases como "Eu percebo que..." ou "Eu sinto que..." ajudam a expressar seu ponto de vista sem culpar o outro.

7. **Encontre interesses comuns**: Trabalhe para identificar interesses comuns entre as partes em conflito. Ao encontrar um terreno comum, você cria uma base para a cooperação e o entendimento mútuo.

8. **Ofereça opções e compromissos**: Proponha diferentes alternativas e esteja disposto a negociar para chegar a um acordo que seja aceitável para todos os envolvidos.

9. **Siga com ações concretas**: Após alcançar uma resolução, defina ações concretas que todos devem tomar para assegurar que o acordo seja mantido. Estabeleça prazos e responsabilidades claras.

10. **Reflexão pós-conflito**: Após a resolução, reflita sobre o que funcionou e o que poderia ter sido feito de forma diferente. Use essas lições para melhorar suas habilidades de mediação de conflitos no futuro.

4. Explicação dos benefícios da liderança autêntica

Manter-se fiel a quem você é traz inúmeros benefícios, especialmente para a saúde mental. Saber dizer "não" ao que não lhe serve, evitar conflitos desnecessários e construir um ambiente de trabalho harmonioso e saudável. A autenticidade permite que você construa um legado significativo, no qual sua essência é respeitada e valorizada.

O salário não paga sua paz de espírito. A harmonia com o que você veio fazer neste mundo é o verdadeiro tesouro. Qual é o legado que você quer deixar?

Por muitos anos, vi pessoas se encaixarem em ambientes que não diziam nada a respeito do que elas realmente gostavam de fazer. Não vou entrar em detalhes dos diversos motivos que levam a isso. No entanto, responder à pergunta acima é essencial caso queira construir um legado em que seja lembrado pelas coisas que você faz as pessoas sentirem quando estão ao seu lado. Elas podem até esquecer o que falamos para elas, mas elas nunca esquecerão o modo como as fizemos se sentirem.

Construir essa reputação é o que vai posicioná-lo como um verdadeiro líder. Ter a convicção de que consegue liderar a própria vida, seja ela pessoal ou profissional, por mais complexo e difícil que seja, trará sabedoria para enfrentar diversidades e inspirar outras pessoas.

Outro tema importante é o tempo que dedicamos. Aprendi e continuo aprendendo como nosso tempo é precioso! Saber colocar foco no que realmente é importante nos faz direcionar a nossa energia para o que realmente importa.

Se quer muito uma coisa, planeje a curto prazo e vá agindo. Depois, planeje com os recursos que conseguiu e vá avançando à medida que sua próxima meta seja alcançada.

Gerenciar nosso tempo é crucial para sermos líderes de nós mesmos e alcançar nossos objetivos profissionais e pessoais. Frequentemente, permitimos que distrações, como redes sociais, e-mails incessantes, reuniões desnecessárias e até mesmo pensamentos improdutivos dispersem nossa atenção e nos afastem de nosso objetivo.

Para nos mantermos focados, precisamos:

1. **Priorizar tarefas essenciais**: Identifique as tarefas que realmente contribuem para seus objetivos e foque nelas, eliminando ou delegando as atividades que não agregam valor.

2. **Estabelecer limites**: Aprenda a dizer "não" a compromissos que não estão alinhados com seus objetivos. Proteger seu tempo é essencial para manter o foco no que realmente importa.

3. **Planejar e reavaliar regularmente**: Use ferramentas de planejamento, como listas de tarefas ou blocos de tempo, e revise regularmente suas prioridades para garantir que está alinhado com seus objetivos.

4. **Cultivar o autocuidado**: Reserve tempo para cuidar de sua saúde física, mental e emocional. Atividades como exercícios físicos, meditação ou *hobbies* podem ajudar a manter o equilíbrio e a clareza.

5. **Manter-se conectado ao propósito**: Reflita constantemente sobre seu propósito profissional e de vida. Lembre-se de por que você começou essa jornada e o que você espera alcançar. Isso ajudará a manter sua motivação e resiliência.

Ao seguirmos esses passos, podemos nos tornar líderes autênticos e eficazes, inspirando os outros enquanto permanecemos fiéis a quem somos e ao que acreditamos. Ao final do dia, o mais importante é garantir que você está em paz consigo mesmo, sabendo que todas as decisões que tomou foram baseadas em seus valores e propósito.

5. Conclusão e conselhos: sabedoria na liderança autêntica

Ser líder é estar disposto a assumir riscos, aprender com os erros e seguir sua intuição. Ouça seus medos, mas aprenda a silenciá-los com a voz da sua intuição. Não renuncie aos seus valores por conveniência. A sua história de vida é única e deve ser contada por você, sem permitir que outros a modifiquem.

Seja autêntico, busque ambientes que respeitem e valorizem quem você é. Use seu tempo para ser feliz e para ajudar outras pessoas a também serem felizes. Antes de ouvir opiniões externas, pergunte a si mesmo: "Como isso se conecta com quem eu quero ser?"

Ao longo da minha carreira, percebi que as pessoas que realmente querem apoiar você respeitarão sua autenticidade e valorizarão suas contribuições genuínas, e não aquilo que elas gostariam que você fizesse por elas. Esteja onde estiver, seja inteiro e verdadeiro consigo mesmo. E tudo, absolutamente tudo, irá bem.

"Esteja onde quer que esteja por inteiro e por você, e tudo irá bem. No mais, tudo é consequência das oportunidades que você decidiu abraçar."

A alquimia acontece quando estamos com as pessoas certas!

Ruriko Isilma Ohara

Executiva em Escritório de Transformação e Projetos. Mais de 25 anos de experiências em Escritório de Projetos Estratégicos, de Inovação, de Integração de Fusões e Aquisições nos setores: Serviços Financeiros, Saúde, Varejo Alimentar, Telecomunicações, Tecnologia da Informação e Construção Civil. Engenheira Civil com pós-graduação em Gestão de Projetos e em PMO (Project Management Office) — PMO Master Class, especialização em Finanças. Membro do Conselho e PMO do HubMulher. Head of Latin America Hub PMI PMOGA (PMI PMO Global Alliance).

LINKEDIN

Experiência inesquecível e resultados incríveis

> *"As pessoas vão esquecer o que você disse e o que você fez, mas nunca esquecerão como você as fez sentir."*
>
> Carl W. Buehner

Assistir à sinfonia dos jovens músicos da orquestra de uma das grandes redes de varejo celebrando a inauguração de novos conceitos e transformação para os clientes foi para mim um divisor de águas.

Enquanto a música fluía, eu percebia e olhava as pessoas ao meu redor e entendia, cada vez mais, o quanto aquele momento memorável me fez lembrar do que realmente importava: trilhar a jornada com as pessoas certas.

Cada detalhe, cada palavra, cada sorriso permanece vívido na memória, simbolizando um sentimento de realização e satisfação. A felicidade singular e um contagiante orgulho de pertencer tornam-se palpáveis nos resultados que estão por vir.

Foram horas, dias, semanas e meses dedicados à preparação dessa inauguração, que se tornou um marco na nossa história. Foi uma experiência tão incrível e significativa que decidi iniciar meu capítulo com ela. Esse momento despertou em mim o meu "eureka", revelando a **essência das pessoas certas**, aquelas que criaram a **alquimia mágica para alcançar um desempenho extraordinário**[1].

Neste capítulo, mostrarei quão crucial é ter as pessoas certas para uma experiência inesquecível (pra que sofrência?), execução eficaz e alcançar resultados consistentes e sustentáveis. Nesta caminhada veremos três temas se entrelaçarem ao longo de todo o capítulo:

1. Empoderar as **pessoas certas**, tomar decisões difíceis e encarar os fatos sem surtar.
2. Desobstrução: coragem para remover obstáculos burocráticos e controles excessivos para **liberar o fluxo**.
3. Identificar e resolver os pontos cegos e as armadilhas, e aplicação das lições aprendidas.

O valor das pessoas na jornada

"Primeiro quem, depois o quê — coloque as pessoas certas no ônibus e, então, descubra para onde dirigi-lo."

Jim Collins, autor e consultor empresarial

Ao longo da minha carreira desde a Engenharia Civil, gerenciamento de projetos e executiva de escritórios de projetos transformacionais, tive o privilégio de formar conexões

---

[1] COLLINS, Jim. O bom é inimigo do ótimo. In: COLLINS, Jim. **Empresas feitas para vencer**. 15 ed. Rio de Janeiro: HSM Editora, 2001.

que transcenderam o tempo e o espaço, demonstrando que o sentimento de realização e felicidade não se define apenas pelo destino, mas pelas pessoas que nos acompanham na jornada. Essas conexões não surgiram por acaso; foram o resultado de uma trajetória construída com foco nas entregas de valor e no fortalecimento de relacionamentos duradouros. Cada passo que dei foi orientado por princípios sólidos de ética, confiança, integridade e meu **interesse genuíno nas pessoas**[2].

Desde o início como *trainee* percebi a diferença entre estar em um grupo e pertencer a um time. Foram dois momentos marcantes que geraram experiências e resultados bem diferentes e trago até hoje como princípio – o interesse genuíno nas pessoas.

Correlacionando a minha carreira de projetos e executiva de projetos e respondendo à pergunta **"não importa onde, importa com quem"**, trago **três momentos essenciais**, que apoiarão o leitor a aproveitar as **práticas, identificar as armadilhas e aplicar as lições aprendidas**:

1. **Autogestão e desenvolvimento pessoal:** Aprender a liderar a mim mesma, cultivando habilidades de autogestão e crescimento pessoal para enfrentar desafios com resiliência e clareza de propósito.

2. **Liderança por influência e gestão de projetos:** Conduzir projetos estratégicos através da liderança por influência, mobilizando equipes e recursos com foco em resultados e alinhamento com os objetivos organizacionais ou projetos pessoais.

3. **Liderança de equipes (escritórios de projetos) e influência estratégica:** Gerenciar equipes de alto desempenho e influenciar *stakeholders-chave*, criando um impacto

---

[2] CARNEGIE, Dale. **Como fazer amigos e influenciar pessoas.** Edição atualizada para novas gerações de líderes. São Paulo: Companhia Editora Nacional, 1999. p. 83: "Torne-se genuinamente interessado nas outras pessoas".

positivo e duradouro no ambiente corporativo ou de um empreendimento.

Esses três momentos não ocorrem de forma seriada ou um atrás do outro, mas sim de forma cíclica, paralela e simultânea, pois a nossa vida é integrada. O ponto-chave é identificar esses momentos e apoiar-se em realizar esse paralelismo suavemente no seu desenvolvimento pessoal.

A autogestão e desenvolvimento pessoal são uma constante em minha vida integralmente. Ressalto o autoconhecimento como fonte inesgotável de aprendizagem e aplicação. Ela é a fundação para transcender humildemente o ego (minha perspectiva individual) para alcançar o eco (minha visão mais ampla conectada com o coletivo e o ambiente), gerando impacto em mim, nas pessoas ao meu entorno e no ambiente em que estou.

Percebi essa minha necessidade quando em algum momento neste espaço-tempo a velocidade das informações ficou incrivelmente mais rápida, a pressão e a carga de trabalho vinham de diversas fontes nem sempre visíveis e as fórmulas clássicas e tradicionais de conhecimento e gestão já estavam ultrapassadas.

Foi aí que tive novo momento eureka. Pensei: "deve ter em algum lugar uma forma diferente, e se eu olhar de um ângulo diferente ou uma perspectiva diferente..." Foi aí que encontrei a Teoria U do Otto Scharmer[3] e com esta citação elaborei um plano de desenvolvimento e aplicação no meu dia a dia.

> "O sucesso de uma intervenção depende do estado interior de quem intervém." Bill O'Brien, CEO da Hanover Insurance, citado por Otto Scharmer, autor e professor do Massachusetts Institute of Technology (MIT)

---

[3] SCHARMER, C. Otto. **Teoria U**: como liderar pela percepção e realização do futuro emergente. 1. ed. São Paulo: Cultrix, 2010.

Ao refletir profundamente sobre o significado dessa citação, percebi cada vez mais a conexão entre meu estado interior e o impacto que ele gerava em todos os momentos da minha vida. Esses "momentos da verdade" são cruciais para o autoconhecimento, exigindo coragem para confrontar nossos próprios pontos cegos, abismos e estados internos. Afinal, a primeira pessoa a embarcar nesse ônibus sou eu mesma. A partir dessa trajetória de desenvolvimento, destaco quatro temas centrais que emergiram como pilares para descobertas, conscientização e promoção de ações transformadoras internas:

1. Entender seus **pontos cegos** através da escuta ativa e profunda de si mesmo e ouvir o mundo ao seu entorno.

2. **Sentir, entender suas próprias emoções, os sentimentos e os pensamentos.** Identificar os padrões de pensamento e de comportamento. Perceber o impacto dos outros em você e do ambiente para você. Ter empatia consigo mesmo.

3. **Estar no presente**, com a meditação e *mindfulness*, neste momento e identificar as distrações internas e externas ajudarão a retirar o ruído que o desconecta do momento presente.

4. **Experimentar pequenas ações** e mudanças em sua rotina, nas práticas diárias consigo mesmo e com as pessoas no entorno.

Para mim esse **ciclo é iterativo** – quando percebo que não há fluidez nas minhas ações, volto e faço a autorreflexão. Uma dica: a mentoria é uma ferramenta poderosa para esta autorreflexão.

Liderança por influência e gestão de projetos. Ao longo desta jornada, fui responsável pela gestão de vários projetos relevantes em vários segmentos do mercado, desde o planejamento na construção civil, gestão de grandes programas transformacionais no setor de telecomunicações, iniciativas e jornadas de inovação no varejo e projetos voluntários em instituições de projetos e escritórios de projetos (*PMO – Project Management Office*).

Nessa caminhada em vários setores e segmentos de mercados, incrementaram narrativas ao meu repertório em como gerenciar projetos sobre a ótica de como trazer as pessoas certas nos papéis fundamentais dentro dos projetos e da área em que atuava. Em vários momentos essas decisões eram realizadas em conjunto com os gerentes executivos e diretores da área em que eu atuava; a primeira parceria começava dentro da minha própria área.

Um dos segredos para gerar cumplicidade e parceria, transcendendo as posições hierárquicas, está na aplicação de estratégias bem pensadas e no apoio externo, como mentoria ou *coaching*. Além disso, um ponto fundamental que contribuiu para o sucesso dos projetos que gerenciei foi meu entendimento profundo da visão e missão estratégicas da empresa. Meu papel foi crucial ao traduzir essa estratégia em formatos e linguagens acessíveis para todos os envolvidos, em todos os níveis dos projetos.

Ao me deparar com projetos transformacionais que impactavam tanto internamente na organização quanto externamente em clientes, parceiros, fornecedores e outras entidades, enfrentei um grande desafio: exercer comunicação assertiva e conduzir negociações complexas com diferentes níveis hierárquicos. Foi nesse momento que busquei a mentoria de uma executiva dentro da organização. Naquela época, ela não apenas me guiou em todos os aspectos dos desafios que enfrentei, oferecendo conselhos estratégicos e ensinando técnicas de comunicação e negociação, mas também me ajudou a desenvolver uma visão mais ampla sobre minha própria carreira, abrindo caminho para uma guinada decisiva rumo à liderança do escritório de projetos.

Liderança de equipes (escritórios de projetos) e influência estratégica

A liderança de equipe permeou a minha carreira desde o início, da coordenação dos times de engenharia de telecomunicações a escritórios de projetos nos setores de telecomunicações, varejo, saúde e o escritório de projetos do HubMulher – coletivo de mulheres focado em carreira feminina[4] –, onde coordeno o portfólio de iniciativas correlacionadas ao ODS 5 (Objetivo de Desenvolvimento Sustentável 5 – Igualdade de Gênero).

Na liderança do escritório de projetos tive a oportunidade de trilhar uma jornada diferente, a comunicação executiva, e estar presente em momentos relevantes do planejamento estratégico e o desdobramento em iniciativas nas diversas áreas da organização.

Nesse contexto, a pedra fundamental é a equipe do escritório de projetos, primordialmente o que presta serviços à organização através das suas funções para gerar o benefício esperado. Como geramos esse impacto? Elenco a seguir quatro exemplos diferenciados, que impactaram as pessoas de projetos e o resultado da organização:

1. **Time** do escritório de projetos: tarefa bastante delicada e sensível de selecionar os talentos do escritório. O grande diferencial para este papel é caráter, princípios interiores que fundamentam a integridade, colaboração e time. A parte secundária foram experiências e conhecimentos.

2. A dissseminação e **tradução da visão estratégica** e iniciativas que impactam os resultados; meu papel foi essencial para entender com profundidade, clareza e foco. O ponto de inflexão foi quando correlacionamos e traduzimos a estratégia, o cliente no centro e a proposta de

---

[4] **HubMulher**: Um coletivo de mulheres focado em carreira feminina, atuando por meio do compartilhamento de conhecimento, *mentoria* e *networking*. https://hubmulher.com/

valor nas áreas, o que gerou entendimento claro, engajamento e execução.

3. Usar a **rotina de entregas dos resultados** e indicadores em favor das pessoas, da execução de excelência e da jornada de inovação. Para esta última desenhamos a jornada de testar e experimentar, trazer a experimentação para quem participava do projeto, para quem decidia no projeto – fundamentado no *buy in*[5] e pertencimento; gerou uma experiência inesquecível nas rotinas de entregas.

4. **Celebração** interna no projeto, interna nas áreas, no escritório de projetos e com o cliente. Criamos **momentum** e, nas entregas maiores, a celebração conjunta com os principais executivos da organização. Um desses momentos memoráveis é a história que contei no início deste capítulo.

Desvendando o caminho: benefícios, armadilhas e lições valiosas

> *"Primeiro quem, empresas excelentes e uma vida profissional maravilhosa."*
>
> Jim Collins, autor e consultor empresarial

Benefícios desta jornada

Um grande benefício que vivenciei: é possível, mesmo com momentos desafiadores, críticos, ter uma felicidade intrínseca e maravilhosa. Isso foi possível justamente por conta das pessoas no meu entorno, das pessoas certas. Não significa que precisamos abraçar árvores ou viver um conto de fadas e, sim, de um local com valores e princípios sinérgicos. O eco estava acima do ego,

---
[5] *Buy-in* é um termo utilizado para definir a adesão a uma ideia.

confiança intrínseca emergia nas relações a todo instante, a alta colaboração para a execução e o orgulho de pertencer inundava cada momento nesta jornada. Compartilho três elementos que geraram benefícios importantes na época:

1. Ter um **interesse genuíno pelas pessoas**: recebi o maior presente quando tive este *insight*. O meu maior presente foi estar com pessoas certas em momentos memoráveis, contribuindo nos resultados e além disso conectar ao meu propósito de ajudar as pessoas a realizarem seus sonhos.

2. **Visão compartilhada da estratégia**: é de máxima satisfação quando tenho esses momentos mágicos – de fato é a alquimia em entender com profundidade a estratégia (onde mudam os ponteiros) e poder traduzir nos projetos e nas comunicações ao longo da jornada do escritório de projetos.

3. **Comunicação 360 graus**: somos todos responsáveis pela comunicação, muito mais ainda quando é discutida em suas entrelinhas, além do entendimento é como a comunicação sobre tudo (estratégia, resultados, clientes e os acontecimentos na organização) impacta as vidas das pessoas.

Foi nesse contexto, em meio à pandemia, que adotei uma abordagem mais humana e acessível com minha equipe e as pessoas ao meu redor: disse a todos que bastava me ligar, sem a necessidade das cansativas chamadas de vídeo. Simplesmente pegar o telefone, celular ou fixo, e conversar diretamente comigo, criando uma conexão mais próxima e autêntica em tempos de distanciamento. E carinhosamente deram o apelido de "Ligue Djá!"[6]

---

[6] A frase "Ligue Djá!" se tornou um dos bordões mais icônicos do astrólogo Walter Mercado – expressão para incentivar as pessoas a ligarem.

Armadilhas encontradas ao longo do caminho

Ao longo desta jornada, vivi momentos inesquecíveis e outros com algumas armadilhas, que a fizeram mais desafiadora e complexa. As três que mais ocorrem e nem sempre percebemos que estão por perto são:

- **A cegueira e o piloto automático**: Em certos momentos somos pegos pelo mecanismo do piloto automático e sem perceber nem pensar estamos girando, correndo e nos cansando em demasia. Este foi um alerta vermelho para mim; no momento que percebi que estava no modo sobrevivência, logo despertei, porém não foi tão fácil sair desse círculo vicioso, que de certo modo me causou uma cegueira momentânea. O meu autoconhecimento foi um gatilho importante; ao perceber essa vulnerabilidade, logo busquei minha rede de ajuda e encontrei a solução através da mentoria. A mentora, uma profissional com uma experiência e conhecimento incríveis, despertou vários *insights,* e consegui a partir dessas sessões colocar outras lentes, consegui ver outras perspectivas e paisagens.

- **Não ouvir a voz interior (intuição)**: Você já ouviu aquela voz naqueles momentos cruciais de decisão? Pois é, por um bom tempo eu não prestava atenção, ou por achar uma bobeira ou por estar no piloto automático com muito ruído e não conseguia escutar de forma clara. Até que a cada voz que eu não ouvia, na vida real acontecia exatamente o que a voz tinha me falado. E uma dessas vozes me falava exatamente sobre com quem eu estava no ônibus. Após vários estudos, comecei a praticar o estar presente no presente e a prestar mais atenção à minha intuição.

- **Realizar os sonhos dos outros e ainda achar que esses sonhos são seus**: Quando isso aconteceu? Existe uma interligação destas três armadilhas: fui tomada pela cegueira do piloto automático, acabei não ouvindo a minha intuição e de fato eu tinha em uma época da minha vida a convicção que o que eu estava realizando era o meu sonho. Qual foi o despertar? Percebi esta falácia quando, ao realizar a entrega do sonho, aquilo não fez sentido para mim. Um aprendizado: estar presente no presente e ter a clareza do meu propósito.

O ciclo das lições aprendidas

E por isso o ciclo virtuoso das lições aprendidas faz parte da minha rotina; periodicamente revisito esta base do conhecimento, faço uma reflexão com um outro olhar, um novo ângulo de pensamento. A iniciar pelas minhas próprias ações e formatos, é um ato de desapego e reflexão, um desprendimento e uma leveza.

Por outro lado, o ciclo das lições aprendidas tem um vasto campo, que aproveito e revisito no formato 360 graus. Levo sempre comigo a analogia: "Primeiro quem, depois o quê — coloque as pessoas certas no ônibus e, então, descubra para onde dirigi-lo." — Jim Collins, autor e consultor empresarial

Reflexões finais e um convite para você

Durante o desenvolvimento e as pesquisas para este capítulo, me peguei refletindo sobre quais conclusões e conselhos realmente fariam a diferença na vida de quem lê. Pensei sobre o que eu gostaria de encontrar nestas páginas, algo que não só inspire, mas também motive a tomar as ações necessárias para alcançar o que é verdadeiramente importante. Espero que, ao chegar até aqui, você sinta a mesma chama de determinação e clareza que me guiou ao escrever, e que estas palavras sirvam como um convite para agir com propósito e confiança.

Resumo dos pontos-chaves – estar com as pessoas certas:

1. Tomar as **decisões difíceis**: Decidir quem está com você na perspectiva 360 graus, retirar as distrações e focar o que precisa ser feito.

2. **Disciplina e rigor** para realizar o que precisa ser feito, utilizar a rotina em seu favor – ela é uma grande aliada e facilitadora nos momentos mais críticos.

3. Cultivar **ambidestria**, testar e experimentar novas ideias, refinando as práticas.

Aproveito este espaço e deixo um convite para você: **Seja você a pessoa certa, sempre!**

1. **Seja a pessoa certa**, se prepare, esteja preparado através do processo *Lifelong Learning*[7]

2. Nutra e amplie sua **rede de contatos** e de ajuda, compartilhe e gere a experiência inesquecível.

3. **Comunique-se assertivamente**, seja o tradutor e intérprete da sua estratégia para exeução de excelência. Utilize os ingredientes desta alquimia ouvindo sua experiência e voz interior – a intuição.

4. **Pratique**!

Não importa para onde, importa com quem!

A profundidade da sua experiência em impactar e ser impactado genuinamente define o quanto você é percebido como a pessoa certa para algo inesquecível e grandioso.

---

[7] *Long life learning* (ou *lifelong learning*) é o conceito que promove a ideia de que o aprendizado deve ser contínuo ao longo de toda a vida de uma pessoa, e não limitado aos anos formais de educação, como a escola e a universidade. Esse conceito reconhece que o mundo está em constante mudança e que o desenvolvimento pessoal e profissional exige a atualização constante de habilidades, conhecimentos e práticas.

O caminho do antissucesso

Wilson Cabral

É apaixonado por pessoas, negócios e desafios. Bacharel em Comunicação Social, com habilitação em Jornalismo, pela Universidade Federal de Pernambuco, e em Relações Internacionais, pela Faculdade Damas do Recife, possui também MBA em Gestão Empresarial pela Fundação Getulio Vargas (FGV) e pós-graduação em Liderança e Desenvolvimento de Equipes pelo International Business Management Institute. Iniciou sua carreira na E.life e atuou posteriormente no Grupo Twenty Six, Carrefour, P&G e OYO antes de se integrar ao Rappi, onde é diretor sênior de Recursos Humanos para a América Latina. É também palestrante, mentor, consultor e aprendiz de escritor.

LINKEDIN

Esta não é mais uma história de sucesso – pelo menos, não nos moldes tradicionais, daqueles que rendem cliques nas redes sociais ou destaque na mídia. Não sou um guru, com um pacote de competências e habilidades infalíveis para chegar ao topo, tampouco um *influencer*, com um passo a passo ou uma dica imperdível.

Posso tão somente falar do que vivi – e, nesse sentido, sou a favor do "antissucesso", isto é, de desafiar tradições, convenções e tentações para seguir o que realmente se deseja. Pode parecer rebeldia ou um desejo de autoafirmação, mas é uma necessidade de ser fiel à própria personalidade, colocando habilidades e conhecimento em jogo, para aprender, se transformar e se realizar a cada fase da vida.

Nem sempre foi assim. Eu cresci com um roteiro pré-definido pela família. Até os 15 anos, não questionei esses planos. Sou o caçula de um médico e uma psicóloga, nascido em Parnaíba, cidade litorânea do Piauí. Aos três anos, nos mudamos para Recife (PE), onde estudei em uma renomada escola. Eu me destaquei nos estudos, fui representante de sala e atleta. Parecia natural virar "doutor" e seguir os passos do meu pai. Afinal, o curso de

Medicina era o mais concorrido, reservado àqueles que alcançavam as notas mais altas. No entanto, mudei de ideia e desvirtuei o plano após um intercâmbio.

Enquanto todo mundo sonhava com EUA, Inglaterra, Canadá ou Austrália, eu escolhi Taiwan. Dono de uma curiosidade difícil de saciar, sempre adorei mapas e era aficionado por idiomas. Por tudo que eu lia e aprendia, eu enxergava um mundo futuro dominado pela China. Parava para pensar como o futuro seria e via o mandarim como um caminho irreverente e com bastante potencial. Minha mãe, conhecedora da minha "sede de mundo", apoiou-me, já o meu pai temia (e com razão!) o impacto dessa vivência em meus valores, sonhos e decisões.

A dois meses do embarque, um *tsunami* na Ásia me obrigou a mudar os planos para a Áustria. Motivos não me faltaram. Para começar, o país foi o berço de relevantes personagens da Primeira e Segunda Guerra Mundial: Franz Ferdinand e Adolf Hitler. Em segundo lugar, Viena já tinha sido eleita a melhor cidade para se viver por anos consecutivos. Finalmente, encontrei um colégio trilíngue que aperfeiçoou minha base em Inglês e Espanhol e me proporcionou uma quarta língua (Alemão), que dificilmente dominaria sem vivenciá-la no dia a dia. Ofereceu, ainda, o Italiano como disciplina eletiva, que se tornou meu quinto idioma. Havia ainda um bônus: a localização estratégica, ao fazer fronteira com outros sete países e ser uma ponte entre o Leste e o Oeste europeu.

Voltei ao Brasil com a experiência de ter visitado mais de 20 países e vivenciado as mais diversas culturas. Meu repertório havia extrapolado fronteiras e a minha mente estava turbinada. Convenhamos: eu já não era mais o mesmo. Descobri que o mundo era muito maior do que o horizonte tocava, além de repleto de possibilidades. Concluí que não poderia dedicar o meu potencial e a minha vida a algo que não fazia sentido para mim, ainda que fosse lógico o desejo dos meus pais.

Decidi fazer Jornalismo, apesar da facultatividade do diploma para atuação na área, e Relações Internacionais, à época um curso novo e ainda sem aprovação do MEC. Não me importei com os obstáculos: foquei o que cada curso poderia me oferecer – o currículo generalista e a compreensão de funcionamento do mundo em uma escala global, respectivamente. Meu pai não se deixou convencer tão fácil. Dizia que eu "concluiria duas universidades e não teria sequer meio diploma". E ainda ponderava: "Você sabe que só 1 em 1.000 triunfam com essas escolhas? Medicina lhe garantirá uma boa vida ou, pelo menos, o padrão que conheces. Não estarei aqui para te apoiar para sempre". Ao longo da minha carreira, outras pessoas questionaram minhas escolhas – não por mal, mas por cuidado e carinho. Em vez de me desencorajar, eu absorvi cada conselho como alerta e estímulo. Entendi que não era uma questão de mudar de rumo, mas de me esforçar ao máximo, antecipar o futuro, amadurecer rápido e obter destaque.

O desafio de administrar duas faculdades e o estágio sem renunciar à vida social foi só o início. Os estágios, primeiro em Comunicação e depois em Comércio Exterior, confirmaram a limitação dos dois mercados – em um, era clara a defasagem de remuneração diante da qualificação e talento; no outro, havia poucas oportunidades de crescimento. Eu ainda nem tinha me formado e já tentava visualizar saídas para o meu futuro. Temia ter que assumir que não fiz boas escolhas e que negligenciei os conselhos recebidos. Em vez de perder tempo com arrependimentos, foquei abraçar o desconforto e descobrir um próximo passo exitoso.

Foi um amigo da minha irmã Fernanda, em uma conversa despretensiosa sobre crescimento profissional, e pasme, em uma mesa de bar, quem me apontou uma solução inesperada: "Já ouviu falar dos programas de *trainees* das grandes empresas? São disputados, é improvável ser aprovado, mas aceleram o desenvolvimento da carreira e em um ano você já vira gerente." À época, essas seleções não eram conhecidas e comentadas no Nordeste.

Sempre tive ambição e a oportunidade de acelerar a carreira em, pelo menos, dez anos foi atrativa. Queria uma vida confortável e estava disposto a lutar por ela, por mais difícil que fosse.

Segui o rastro desses programas e descobri que os meus cursos não eram listados ou reconhecidos pela maior parte deles, que priorizavam Economia, Administração, Engenharias e Publicidade. Contra mim havia ainda outro ponto: eu não morava no eixo Rio-São Paulo e precisava de mais um ano para terminar uma das faculdades. Logo, se tivesse a oportunidade, eu teria que convencê-los de que valia a pena investir em mim.

Eu me inscrevi nos três únicos programas em cujos critérios eu me encaixava. Fui aprovado provavelmente por já apresentar um currículo e uma experiência diferente dos demais candidatos. Escolhi o Carrefour, que me deu a opção de trabalhar fora da sede, na regional NE, em Recife. Para muitos, estar longe das decisões seria uma desvantagem; para mim, funcionava e acabou sendo um diferencial, que me garantiu um aprendizado tático muito superior ao dos meus colegas da matriz. Deu tão certo que, em seis meses, recebi a proposta para me tornar gerente na regional.

Como eu prometi que essa não é uma história de sucesso tradicional, preciso contar os bastidores. Aos 21 anos, eu ganhei a missão de zelar por um faturamento robusto, junto a um time com muito mais tempo de casa e de varejo do que eu. A notícia não foi bem recebida e dava para entender o porquê. Muita gente havia sido preterida nesta escolha. Eles podiam até reconhecer o meu potencial, mas a falta de experiência era óbvia. Você pode até ser um cara fora da curva em termos de vontade e capacidade, mas a prática só vem com horas de voo, não tem jeito.

Comentei sobre isso com um líder da empresa: "Isso não é insano? Eu nunca geri nada até então, nem sequer um estagiário. Como acredita que posso cuidar de tantas pessoas, lojas e receita?". Não esqueço da sua resposta. "Trate as pessoas como gostaria de ser tratado", disse. "Apesar de elas serem únicas,

90% das vezes você acertará ao tratá-las como gostaria de ser tratado. E acertar tantas vezes é suficiente para um gestor." Foi com essa humildade que eu assumi o desafio. Entendi que o resultado era consequência das pessoas. Eu não só reconheci a experiência delas, mas também a individualidade de cada uma. Ouvi suas dores e me comprometi a apoiá-las. Supri a minha deficiência técnica criando um ecossistema do qual as pessoas queriam fazer parte, em que se sentiam gratas e eram reconhecidas frequentemente. Eu nem imaginava que esse estilo de gestão, que coloca as pessoas no centro das decisões e ações, tinha nome, mas aprendi de forma empírica como uma liderança humanizada pode fazer a diferença. A empatia, a escuta ativa, o respeito à diversidade, a transparência e a valorização do bem-estar trazem consequentemente o resultado.

É claro que nem tudo fluiu tão fácil, sem dores ou efeitos colaterais: em uma ocasião, fui deslocado para Vila Velha (ES), para inaugurar a primeira loja da rede em décadas. O projeto era tão ambicioso e demandante que eu dispensei o hotel e montei um quarto dentro da obra, de forma a evitar qualquer desperdício de tempo, inclusive os 60 minutos diários em deslocamento. Não pense que essa foi uma estratégia extrema para alcançar um objetivo; tampouco que é o retrato de uma pessoa de sucesso. Foi uma escolha de alguém determinado, consciente das suas debilidades e disposto a se esforçar ao máximo, muitas vezes além da medida. Eu não acredito em ganhar na loteria, mas em acordar cedo e trabalhar duro, ainda que o tempo das coisas seja outro. A inauguração foi um sucesso, atingindo resultados muito além do esperado, mas a experiência no Espírito Santo me rendeu uma síndrome do pânico e 22 quilos em quatro meses, além da certeza de que um processo de maturação muito comprimido pode ser bem doloroso, física e emocionalmente.

Em menos de dois anos, fui atraído para o outro lado das mesas de negociação. Deixei o varejo e fui ser gerente de vendas da indústria, mais especificamente da P&G, no Centro-Oeste, a convite de Ana Rondon, uma executiva venezuelana que foi um marco na minha carreira. Dessa vez, eu já tinha uma bagagem e até uma visão diferenciada, mas o desafio também era enorme: um time de centenas de pessoas dispersas em cinco grandes estados. Como se pode imaginar, essa gestão foi feita majoritariamente à distância, pois era inviável estar presente, ouvir dores e suprir deficiências, por maior que fosse meu ímpeto.

Assim, eu não aprendi somente a delegar e a confiar, mas a fazer uma gestão por influência. Meu objetivo foi devolver ao promotor de vendas da loja, muitas vezes um profissional com um salário mínimo como renda, a importância e o impacto do seu trabalho para o sucesso da empresa, dada a sua influência na decisão de consumo do cliente. Isso mudou completamente a dinâmica do jogo e trouxe reconhecimentos, dos mais diversos, para toda a equipe.

Nessa posição, identifiquei e desenvolvi outra característica: a adaptabilidade. De um lado, eu não era casado nem tinha filhos, o que me conferia mais tempo e disponibilidade para aceitar tarefas e me deslocar para qualquer lugar do país, de acordo com as necessidades da empresa. Tinha o perfil arrojado, pronto para "consertar", isto é, fazer o *turnaround* de uma operação. De outro, eu nunca me assustei com desafios. Não olho para um obstáculo e o acho intransponível. Reconheço que posso sofrer, que vou ter de aprender algo, mas nada me faz parar. Eu me capacito, me adapto, enfrento, entrego e faço além do esperado.

Deixei a P&G após quase quatro anos, para assumir uma proposta irrecusável: montar parte substancial da operação brasileira de uma rede indiana de hotéis, a OYO. Dessa vez, eu não tinha a segurança de um plano bem estruturado e já testado por uma multinacional. Coube a mim, aos 26 anos, em minha primeira posição de diretoria, desenhar a estratégia e executar as várias etapas de expansão. Comecei só e, em poucos meses, já tinha uma centena de funcionários e hotéis, além de escritórios espalhados por dezenas de cidades do Nordeste. Senti na pele o peso da responsabilidade de tamanha autonomia e liberdade criativa, pois cada escolha de investimento é, inevitavelmente, um ato de renúncia a outra oportunidade. Alocar recursos em uma direção significa abdicar de potenciais ganhos em outra, o que torna a tomada de decisão um jogo estratégico. Não foram poucos os sacrifícios pessoais e profissionais. Lembro-me com pesar dos nascimentos que perdi, celebrações em que não estive presente e momentos em família dos quais não fiz parte.

A pandemia trouxe um impacto devastador ao setor hoteleiro: o cancelamento em massa de viagens e eventos provocou o fechamento de hotéis e uma onda de demissões. Da mesma forma que eu iniciei a operação da empresa, eu a encerrei, convencido de que a gente aprende muito com os *cases* de sucesso, mas os de insucesso ensinam o dobro. Não há melhor professor. Apesar de mais curta, essa foi, sem dúvidas, a minha experiência profissional mais rica.

Essa mesma pandemia me levou a outra indústria, cujo negócio, antes de conveniência, foi alavancado pelas restrições de circulação, tornando-se um serviço essencial à população. No Rappi, fui diretor-geral de algumas regionais antes de assumir, pela primeira vez, uma posição em Recursos Humanos, com muitos desafios pessoais pela frente. Afinal, eu tinha experiência em gestão de pessoas, mas me faltava o conhecimento técnico que a área demanda, sobretudo de seu líder; estava acostumado ao ritmo e ao modelo de Vendas e Operações, sempre mais agressivo e objetivo, e tive que me adaptar a um outro, mais empático e até subjetivo, que não só me desenvolveu profissionalmente, mas me transformou como ser humano. Sabe qual foi o aspecto crucial nessa transição?

O mesmo das outras vezes — as pessoas. Desde aquela conversa com o amigo da minha irmã a todas as posições e empresas por onde passei, eu sempre tive a sorte de encontrar profissionais mais experientes dispostos a compartilhar suas vivências, me impulsionando a ir em frente, por mais incomum ou improvável que fosse o meu caminho. Não tenho dúvidas também de que foram as pessoas com quem dividi os desafios que fizeram toda esta trajetória valer a pena. Entre elas, expresso minha gratidão à Yumiko Watanabe, coordenadora e coautora neste livro, amiga e madrinha de RH.

E isso se estende à minha missão atual de cuidar da América Latina, uma região de culturas e economias diversas. O fator humano, com suas habilidades e capacidades únicas, é essencial para unificar e conduzir cada processo, superando as diferenças e criando valor para a organização e para a minha carreira. Nessa nova posição, tornei-me um nômade digital. Antes mesmo do Rappi, eu já viajava bastante e segui colecionando vivências em quase 60 países. Escrevo esse texto de Los Angeles, nos EUA, o revisarei em Miami e o submeterei em Chicago ou, talvez, em São Paulo. Para muitas pessoas, viver assim é um sonho; para outras, um pesadelo, dado o desafio do cultivo de relacionamentos e a adaptabilidade constantemente demandada.

Aprendi, em mais de uma década de carreira, que há sempre dois lados na vida. E é por isso que gosto de chamar de "antissucesso" o caminho da autenticidade, aquele sem atalhos, longe de ser o mais fácil, repleto de incertezas e implicações. Ainda que você tenha todas as probabilidades contra você (e tome isso vindo de um jovem, pardo, homossexual, nordestino e, também, um jornalista no mundo ainda insuficientemente diverso dos negócios), é esse trajeto que entrega o que muitos buscam: a realização verdadeira através de uma jornada improvável, única e memorável.

Por fim, reforço que o conceito de sucesso é relativo e muito pessoal. Mas o amor, orgulho e carinho pela própria trajetória é, por certo, o que nos move e pode, eventualmente, inspirar quem cruza nossos caminhos.